Lectures on Econometrics

계량경제학 강의

| 김윤영 지음

박영사

머리말

경제학은 개념의 추상만으로 끝나는 인문학의 영역이 아니라 수량으로 이해해야 하는 실증의 분야이다. 이런 의미에서 자연과학적 요소를 지니고 있다고 하겠다. 그러나 다만 수만을 분석하는 통계학으로만 경제학을 이해하는 것도 불가능하다. 경제활동을 하는 수많은 사람들의 의사결정에 경제 원리가 숨어 있으며 맹목적인 통계학의 적용은 경제 정보의 효율적 이용을 막게 된다. 경제이론에 적합한 통계이론의 응용을 목표로 하는 학문이 계량 경제학(econometrics)이다. 실증을 소홀히 하고 이론에만 치우치면 매우 잘못된 경제 정책이 나올 수 있는데 예를 들어 글로벌 금융위기 이후 DSGE 등 수리경제모형에 대한 비판이 있었다. 경제학은 이론과 실증사이의 균형을 잡아야 하는 숙명을 지닌 학문이다.

또 요즘들어 빅데이터 등 데이터 사이언스에 대한 관심이 높아지고 있다. 그러나 자료의 통계적 분석에 경제적 의미가 가미되지 않으면 자료의 가치는 단지 상식을 확인하는 범주를 넘지 못할 것이다. 계량경제학은 이런 방향으로 높은 기여도가 예상된다.

기존에 많은 계량경제학 교과서가 국내외를 막론하고 나와 있다. 이들과 달리 본서의 경우 한 학기 동안 배울 수 있는 내용을 선택하여 확률 및 통계학적 기반을 다진 뒤 회귀분석과 응용을 다루는 방식으로 기초를 중심으로 서술하는 방식으로 꾸며졌다. 이런 관점은 회귀분석의 경우 사실 확률 및 통계학적 원리를 이해하면 학습자가 용이하게 따라갈 수 있다는 면을 중요시한 것이다. 또한 제한된 시간에 꼭 배워야 하는 내용만을 간추리는 방식을 택하였다.

이에 따라 본서의 서술 순서는 먼저 기초적인 확률 및 통계이론을 소개한다. 다음으로 회귀 분석의 방법론을 소개한다. 마지막으로 구조모형 분석 및 시계열 경제모형 적용으로 나아간다. 이 부분은 최근의 계량경제 이론의 발전 분야이다.

마지막으로 학생들에게 당분하고 싶은 것은 계량경제학을 공부하면서 차가운 이성과 함께 따뜻한 마음 즉 타인에 대한 사랑을 가져주었으면 하는 것이다.

모든 것을 아시는 하느님께서 주신 나보타스장학회(www.navotas.or.kr)라는 소명에 깊이 감사드리며 이를 도와주시고 후원해 주시는 모든 분들께 감사드린다.

또 난삽한 원고를 정리하는 데 애써주신 전채린 차장님과 편집부 직원들 및 장규식 팀장님께도 사의를 표한다.

2022년 8월

저자

차례

제 1 장
회귀분석을 위한 확률 및 통계의 기초

제 2 장
통계적 추정과 추론

제3장

회귀분석

제4장

연립방정식 모형

차례

제 1 장

회귀분석을 위한
확률 및 통계의 기초

계량
경제학
강의

"주님께서는 지혜로 땅을 세우시고 슬기로 하늘을 굳히셨다. 그분의 지식으로 심연이 열리고 구름이 이슬을 내린다."

〈잠언: 3절 19-20〉

본 장에서는 자주 쓰이는 통계 공식을 먼저 소개하기로 한다. 수학의 어느 분야든 마찬가지지만 기초 개념을 정확히 이해하는 것이 나중에 복잡하고 발전된 개념을 이해하는 데 도움이 된다. 나중에 소개하는 계량경제학의 기초 도구인 회귀분석 역시 통계 분석의 일종이므로 이러한 기초 개념의 학습은 자연스럽게 고급 수준의 회귀분석으로 연결, 적용될 수 있다. 예를 들어 산술 평균은 가장 초보적인 회귀분석의 일종이다. 역으로 회귀분석 추정량 역시 평균의 일종이다. 그러니 평균의 개념을 잘 이해했다는 것은 통계의 가장 중요한 핵심을 이해했다는 것과 같다고 할 수 있다.

다음으로 통계에서 가장 초보적인 것은 더하는 것이며 평균(summation) 역시 여기서 파생된다. 다음 페이지의 합산기호 공식과 성질을 먼저 기억하자.

1 | 합산의 정의와 성질

첨자 i를 사용한 합산의 정의는 다음과 같다.

$$\sum_{i=1}^{n} x_i = x_1 + x_2 + \ldots + x_n$$

다음의 합산의 성질들은 자료 분석에 매우 유용하다.

a. $\displaystyle\sum_{i=1}^{n} c = nc$(여기서 c는 상수 예: c＝3.141592)

b. $\displaystyle\sum_{i=1}^{n} cx_i = c\sum_{i=1}^{n} x_i$

c. $\displaystyle\sum_{i=1}^{n} (a + bx_i) = an + b\sum_{i=1}^{n} x_i$($a, b$의 성질에 의해)

d. $\displaystyle\sum_{i=1}^{n} (ax_i + by_i) = a\sum_{i=1}^{n} x_i + b\sum_{i=1}^{n} y_i$($b$의 성질에 의해)

이중합산 공식: x가 i, j에 의존할 때 합산 결과는 순서를 바꾸어도 같다.

e. $\displaystyle\sum_{j=1}^{m}\sum_{i=1}^{n} x_{ij} = \sum_{i=1}^{n}\sum_{j=1}^{m} x_{ij}$

예를 들어 아래 표에서 열들의 합을 먼저 계산한 후 이들을 합하거나 행들의 합을 먼저 계산한 후 이들의 합을 계산한 것이 모두 동일하게 107임을 확인할 수 있다.

i, j	1	2	3
1	22	19	16
2	31	12	7

b. $\displaystyle\sum_{j=1}^{m}\sum_{i=1}^{n} x_j x_i = \sum_{j=1}^{m} x_j \sum_{i=1}^{n} x_i$ (왼쪽항에서 $x_j x_i$ 부분의 x_j는 처음의 합계식에서 상수

취급을 하게 된다.)

다음 절에서는 확률의 기초개념을 소개한다.

2 │ 확률의 개념

    확률은 영어로 probability, 즉 '어느 사건발생의 가능성의 정도'를 의미[1])하지만 이를 수학적으로 정확히 정의하는 것이 필요하다. 베이지안 접근법에서는 확률을 선험적인 것으로 보지만 영미권의 전통적인 접근은 사건발생의 빈도적인 관점에서 보는 것이다.

    예를 들어 주사위를 던질 때 (숫자 1,2,...,6), 짝수가 나올 확률을 계산하는 문제를 생각해 보자. 이 경우 확률은 '짝수나 홀수가 모두 나오는 전체 가능한 경우'의 수 대비 '짝수가 나오는 경우'의 수를 비교하여 얻어진다.[2])

    확률을 설명하기 위해 표본공간과 사상을 먼저 정의한다. 나올 수 있는 모든 경우를 모아 놓은 것(집합, set)을 표본 공간(sample space, Ω로 표시가능)이라 한다.[3]) 즉 표본공간은 발생 가능한 모든 표본의 집합으로 표본이 사는 집(공간)인 것이다. 표본 공간을 구할 때는 '서로 중복되지 않고, 모든 경우를 포괄'하는 것이 중요하다. 만일 서로 중복된다면 전체 면적을 이중 과대 계산하는 문제가 발생할 것이다.

예제 1.1 │ 주사위 표면 숫자가 {1,2,3,4,5,6}인 경우 주사위를 두 번 던졌을 때 나올 수 있는 표본 공간은 어떻게 주어지나?

---

1) 사람은 완생을 지향하지만 현실은 미생이다. 100% 확실한 것은 현실 세계에서는 찾기 어려우며 심지어 현대 물리학의 양자역학의 불확정성의 원리에서도 확률은 중요한 역할을 한다. 우주는 확률로밖에 이해할 수 없다.

2) 결국 확률은 전체 땅에서 내 소유 땅이 얼마나 되나 하는 면적 비율 재기 문제인 것이다. 이렇게 바꾸어 놓으면 더 이상 애매할 것도 없는 산수 문제이다.

3) 표본수가 무한히 많아지는 경우가 통계학에서는 중요해지는데 이 경우 표본 공간을 $\sigma \cdot \text{field}$라 한다.

풀이 | $\Omega = \{(1,1)\ (1,2)\ (1,3)\ ....\ (6,6)\}$로 나타내거나 아래의 표로 표시하여 확률계산에 사용할 수 있다.

(1,1)	(1,2)	(1,3)	...		(1,6)
(2,1)	(2,2)	(2,3)	...		(2,6)
⋮					⋮
	⋮				⋮
(6,1)	(6,2)	(6,3)		...	(6,6)

예제 1.2 | 앞면 (H) 및 뒷면 (T)가 있는 동전을 두 번 던졌을 때의 표본 공간은 어떻게 주어지나 ?

풀이 | $\Omega = \{(H,H)\ (H,T)\ (T,H)\ (T,T)\}$이며 순서를 감안한 경우이다.

사상(事象, events)은 표본공간의 임의의 부분집합(subset)을 의미하며 공집합 $\varnothing$ 과 전체집합 (Ω)도 사상에 포함될 수 있다.[4]

상호배반(exclusive)인 사상들은 서로 동시에 일어날 수 없는 경우를 말하는데 이들 간에 교집합이 없는 경우이다.[5] 예 1.1에서 사상 $\{(1,1),\ (1,2)\}$과 $\{(6,6)\}$는 상호 배반이다.

다음으로 확률을 정의한다. 어떤 사상(A)의 확률은 해당 사상의 크기(표본공간에서의 크기)를 A와 Ω에 의해 주어지는 전체 표본공간의 크기 대비 비율 P로 정의되며

$$P(A) = \frac{A의 크기}{\Omega의 크기}$$

로 표시한다.[6]

---

4) 사상은 표본공간이라는 집에 세들어 방을 차지하고 사는 구성요소이다.
5) 방을 공유하지 않는다는 것, 즉 영역다툼이 없다는 말이다.
6) 전체 집에서 '상대적'인 집 크기(비중)를 말하므로 전체 표본공간의 절대적인 크기는 의미가

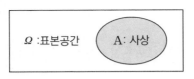

Ω :표본공간   A: 사상

예제 1.3 표본공간이 예 1.1에서와 같이 $\Omega = \{(1,1)\ (1,2)\ (1,3)\ ....\ (6,6)\}$ 인 경우 (크기 36개) 사상 $\{(1,1),\ (1,2)\}$ (크기 2)의 확률은 $P(\{(1,1),\ (1,2)\}) = 1/18$이다. 그러나 표본공간이 $\Omega = \{(1,1)\ (1,2)\ (1,3)\}$이라면 $P(\{(1,1),\ (1,2)\}) = 2/3$이다.[7]

확률의 기본적인 성질은 다음과 같다.

a: $0 \leq P(A) \leq 1$
b: $P(\Omega) = 1$[8]
c: $P(\varnothing) = 0$

없다.

7) 중산층이 강남에 살면 (상대적으로) 가난한데 시골에 가면 (상대적으로) 부자가 될 수 있다.
8) 물론 전체를 300으로 할 수도 있다. 편의상 1로 정규화하는 것이다.

3 | 확률변수의 개념

    통상의 변수는 가질 수 있는 값에 확률이 부여되지 않는다. 그러나 확률변수 (random variable)는 실험결과 확률적으로 여러 값(x)을 가질 수 있는 변수(X)를 말한다.[9] 확률변수는 실험(또는 사건, 사상)의 시간 순서로 사전(ex ante), 사후(ex post)로 구분하면 실험 전의 사전적인 개념이라고 할 수 있다. 실험 후에는 사후적으로 X가 어떤 값인지 알 수 있으나 사전적으로는 이를 알 수 없다. 이는 일종의 정보 부족 문제로 볼 수도 있다. 예를 들면 로또 1장을 샀을 때 그 상금(X)은 사전적으로 추첨 전에는 확률 변수이며 사후적으로 추첨 후에는 이미 정해진 하나의 수(비확률 변수)로 확정된다.[10]

    확률변수의 종류는 이산형과 연속형 두 가지로 구분할 수 있다. 먼저 이산형 (discrete)은 표본공간 내 사상을 하나, 둘, 셀 수 있을 때 정의된다(무한대도 포함할 수 있으며 이 경우 자연수와 일대일 대응을 한다).[11] 예를 들어 주사위를 두 번 던져 나올 수 있는 숫자의 합 X는 이산형 확률변수이며 2, 3,...,12의 값을 가질 수 있다.

    다음으로 연속형(continuous)은 표본공간 내 사상의 발생가능한 값을 모두 셀 수 없으며 주어진 공간에 무수히 많이 존재(예: 실수)하는 경우를 말한다.[12]

---

9) 여러 가지 가능성(potential)을 가진 젊은 새내기라 할 수 있다.

10) 양자역학에서 전자의 위치는 확률로서만 표현되며 관측되는 순간 확정된다고 한다. 우주는 알고 보면 놀라운 경이로 가득 차 있다. 물리학에서도 통계 물리가 중요한 분야이다.

11) 표본의 개수가 무한대인 경우는 표본공간이 다르게 정의되는데 시그마 필드라는 개념을 사용한다.

12) 실수는 자연수보다 크기가 크다(uncountable)는 것이 알려져 있다.

[0, 1] 사이의 점을 하나 임의로 선택할 때 연속인 구간 $[0, x]$의 크기는 x이며 이는 확률변수이다.

풀이

[0,1] 사이에 몇 개의 수가 있나? 여건이 되면 한 번 세어보자. 다음 그림에서 보는 바와 같이 바늘을 폐구간 [0,1] 위에서 낙하시키는 경우 낙하 위치가 x면 이는 확률변수가 될 수 있다.

[0,1] 사이의 정의 수는 물론 무한대이다. 그러나 재미있는 것은 이들의 수가 자연수에 대응하는 수(이도 무한대이다)보다 많다는 것이다. 이 문제는 오랫동안 수학자들의 연구대상이었으며 Cantor에 의해 증명되었다.

4 | 확률밀도함수

그러면 확률변수가 어떤 특정 값을 가질 확률은 어떻게 주어지는가? 확률변수가 갖게 되는 표본공간의 사상에 해당하는 확률을 '부여하는' 함수를 확률밀도함수라고 한다. 즉 확률밀도함수(probability density function, PDF)는 확률변수(X)가 갖는 표본공간 내의 특정한 값 x에 확률을 부여하는 함수 $f(x)$를 말한다.[13] 이 경우 치역은 $[0, 1]$의 구간이다. 확률밀도함수 역시 확률변수가 정의되는 표본공간 형태에 상응하여 이산형과 연속형 두 가지로 나눈다.

(1) 이산형

먼저 이산형(discrete)확률밀도함수는 다음과 같이 함수 f로 정의된다.

$$f(x_i) \equiv P(X = x_i) \; ; \; i = 1,2,...,n$$

여기서 확률변수가 가질 수 있는 표본공간(크기 n) 내 모든 값에 대한 확률을 합산하면 확률의 정의에 의해

$$\sum_{i=1}^{n} f(x_i) = 1$$

과 같다.

확률밀도함수를 구하는 순서는 먼저 확률변수가 가질 수 있는 모든 값을 포함하는 표본공간 Ω의 크기(또는 수)를 구하고, 이어서 표본공간의 특정 사상(A)

---

13) 함수 $f(x)$는 x가 포함되는 정의구역(A)에서 치역(B)으로 일대일 또는 다대일 대응을 의미하는 것을 알고 있는가? 참고로 여러 개의 값을 주는 일대다 대응은 함수가 아니다.

가 표본공간에서 차지하는 크기(또는 수)를 구하는 순서로 한다. 이러한 동일 작업을 표본공간 Ω를 구성하는 모든 개별 원소(사상)에 대하여 수행하여 확률을 대응시키면 확률밀도함수의 분포를 구할 수 있다.

예제 1.5

주사위를 두 번 던져 나올 수 있는 숫자의 합(확률변수 X)의 확률밀도함수는 어떻게 주어지나 ?

풀이

여기서 확률변수는 주사위를 두 번 던져 나올 수 있는 숫자의 합이다. 따라서 두 번 던져 나올 수 있는 숫자의 합을 구하기 위하여, 두 번 던져 나올 수 있는 숫자들(표본공간)을 먼저 구한다. 앞서 보였듯이 이는 순서쌍의 집합 {(1,1) (1,2) (1,3) .... (6,6)}으로 주어지며 그 크기는 36이다. 한편 숫자의 합(X)는 2에서 12까지의 정수 값을 가진다. 이에 따라 $X = 2$인 사상A의 표본공간 내 크기 또는 확률은 정의에 의해 다음 식으로 주어진다.

$$P[A(X=2)] = \frac{A(X=2)의 \, 크기}{\Omega의 크기}$$

그러면 $X = 2$인 사상의 표본공간 내 크기는 얼마인가 ? 예제 1.1의 표에서 이는 순서쌍 {(1,1)}으로 1이다. 이에 따라 확률은 다음으로 주어진다.

$$P[A(X=2)] = \frac{A(X=2)의 \, 크기}{\Omega의 크기} = \frac{1}{36}$$

$X = 3$인 사상의 표본공간 내 크기는 얼마인가 ? 예제 1.1의 표에서 이는 순서쌍 {(1,2), (2,1)}으로 2이다. 이에 따라 확률은 다음으로 주어진다.

$$P[A(X=3)] = \frac{A(X=3)의 \, 크기}{\Omega의 크기} = \frac{2}{36} = \frac{1}{18}$$

이와 같은 방식으로 계산된 확률 밀도함수는 다음 그림으로 주어진다.

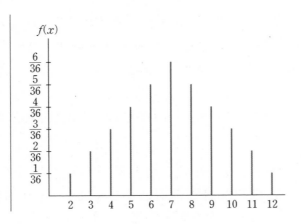

동전을 던졌을 때 앞면(H)이 나오면 1원, 뒷면(T)이 나오면 0원을 줄 경우, 두 번 던졌을 때 나오는[14] 수익금 합의 확률 밀도 함수는 어떻게 주어지나?

풀이

표본공간은 {HH, HT, TH, TT}로 크기는 4로 주어진다. 다음으로 수익금 합 확률변수 X가 가질 수 있는 표본공간 내 모든 값(원소 사상)은 {0, 1, 2}이다. 한편 이들 원소 사상이 표본공간에서 차지하는 크기는 다음과 같다.

X=0: {TT}의 크기 1

X=1: {HT, TH}의 크기 2

X=2: {HH}의 크기 1

마지막으로 이에 따른 확률은 다음으로 주어진다.

P(X=0원)=1/4, P(X=1원)=2/4, P(X=2원)=1/4이다.

---

14) 순서에 상관 있음으로 가정한 경우이다. 순서에 상관없으면 결과가 어떻게 바뀌는가?

(2) 연속형

연속형(continuous) 확률밀도함수 f의 경우 확률변수 X가 표본공간에서 특정한 값 x를 가질 확률은 0이다. 즉 $P(x) = 0$이다. 다시 말해 전체 표본 공간의 사상 수가 셀 수 없이 많은데 그중 원소 하나의 비중은 의미 없다는 얘기이다. 이에 따라 확률은 '구간'으로만 정의되어 아래와 같이 확률밀도함수의 적분으로 계산된다.

$$\int_a^b f(x)dx = P(a \le x \le b)$$

여기서 확률의 정의상 모든 확률의 합은 $\int_{-\infty}^{+\infty} f(x)dx = 1$로 정규화된다.

예제 1.7

흡연하는 남자의 수명이 a세 이상 b세 미만일 확률은 (생명보험회사에서 중요) 확률밀도함수가 $f(x)$일 때 다음과 같이 계산된다.

$$\int_a^b f(x)dx = P(a \le x \le b)$$

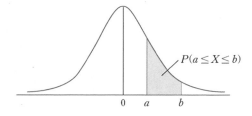

다음 표는 우리나라 사람의 연령별 잔여수명을 나타낸다. 이 표를 기초로 여러분이 25세라면 잔여수명이 50년 이상일 확률을 계산해 보라.

남자		여자	
나이	앞으로 살 수 있는 기간 (단위: 연)	나이	앞으로 살 수 있는 기간 (단위: 연)
80	5.19	80	6.70
75	7.11	75	9.29
70	9.48	70	12.46
65	12.99	65	16.12
60	15.48	60	20.12
55	19.04	55	24.38
50	22.76	50	28.77
45	26.71	45	33.27
40	30.94	40	37.93
35	35.40	35	42.67
30	39.93	30	47.45
25	44.54	25	52.25
20	49.21	20	57.06
15	53.94	15	61.91
10	58.80	10	66.80
5	63.60	5	71.64
1	67.33	1	75.38
0	67.66	0	75.67

※ 표 보는 법: 35세 남자와 여자가 앞으로 살 수 있는 평균 수명은 각각 35.4년, 42.67년이라는 뜻

연속형 확률밀도 함수로 가장 중요한 것은 8절에서 소개하는 정규분포이다.

5 | 다변수 결합확률밀도함수

그러면 확률변수가 동시에 여러 개인 경우는 확률밀도함수는 어떻게 정의되는가? 예를 들어 주사위와 동전을 모두 던져 X를 주사위가 결정하는 수, Y를 동전이 결정하는 수로 정의하고 앞면이면 1 뒷면이면 0이라고 하자. 두 변수 모두 개별적으로 확률변수이며 쌍으로는 확률변수 벡터 (X, Y)가 된다. 이 경우 X와 Y가 각각 특정 값들과 이들이 가질 확률을 대응시키는 함수를 결합(joint) 확률밀도함수라고 한다. 예를 들어 $X=6$이고 동시에 $Y=0$일 사상의 확률을 결합확률밀도함수는 정의하는 것이다.

좀 더 구체적으로 수식으로 표현하면, 두 개의 확률변수 X와 Y가 각각 x와 y의 값을 가질 확률을 나타내는 함수는 다음과 같이 정의 된다.

$$f(x,y) = P(X = x \text{ and } Y = y)$$

여기서 함수 f는 2차원 평면에서 폐구간 [0,1]으로 스칼라 단일값을 부여하는 경우이다. 예제 1.5와 1.6의 경우가 이에 해당한다. 확률 변수의 수가 일반적으로 n인 경우도 동일한 개념이 확장된다.

$$f(x_1, x_2, ..., x_n) = P(X_1 = x_1, X_2 = x_2, ..., X_n = x_n)$$

6 | 통계적 독립

한편 두 변수 X와 Y의 결합확률밀도함수가 개별변수들의 확률밀도함수의 곱으로 아래와 같이 주어질 때, 이들 변수들은 통계적으로 서로 독립(statistically independent)이라고 정의된다.

$$f(x,y) = f(x)f(y)$$

변수의 수가 두 개보다 많으면 이들 중 임의의 두 개의 선택변수들이 서로 독립인 경우 독립이다. 가령 '세 변수 x_1, x_2, x_3가 서로 독립'이라는 것은 x_1과 x_2, x_2와 x_3, x_1과 x_3가 모두 서로 독립이라는 말이다.[15]

예제 1.8 | 주사위를 던졌을 때 나오는 수 X와 동전을 던져 앞, 뒷면(T, H)이 나오는 경우의 상금 Y가 서로 독립인 경우, $X=1$ 및 $Y=T$일 확률은 다음과 같이 이루어진다.

$$f(x=1, y=T) = f(x=1)f(y=T) = 1/6 \times 1/2 = 1/12$$

이러한 확률적 독립의 개념은 다음의 '조건부(conditional) 확률 밀도함수'를 정의함으로써 보다 분명히 파악할 수 있다. 확률변수의 확률 분포는 다른 확률변수의 값에 의존(독립이 아닌 경우)하여 바뀔 수 있다. 조건부확률 밀도함수는 영향을 미치는 다른 확률변수가 특정값을 가진다고 가정하는 경우 어떤 확률변수의 확률밀도함수이다. 수식으로는 Y가 y로 주어질 때 (조건부) X의 확률은 다음으로 정의된다.

---

15) 물론 변수의 수가 많아지면 엄청 많은 쌍의 조건의 충족이 필요할 것이다!

$$f(x|y) = \frac{f(x,y)}{f(y)}$$

여기서 다른 확률변수 Y가 특정값을 가진다는 조건은 X의 확률을 정의하는데 있어 표본공간을 제약하는 역할을 한다. 만일 두 변수가 독립인 경우

$$f(x|y) = \frac{f(x,y)}{f(y)} = \frac{f(x)f(y)}{f(y)} = f(x)$$

와 같이 주어진다. 즉 독립인 경우 x의 조건부 확률밀도함수의 형태는 사건 y의 확률에 의존하지 않게 된다.

예제 1.9 | 흡연자가 폐암 환자일 확률을 구해보자. 먼저 흡연자(y)의 비율이 전체 인구 중 1/3이고 폐암(x)에 걸린 사람 중 흡연자의 비율을 전체 인구 중 1/6이라 하자. 그러면 흡연자가 폐암 환자일 확률은 조건부 확률로

$$f(x|y) = \frac{f(x,y)}{f(y)} = (1/6)/(1/3) = 1/2$$

로 주어진다.

이러한 조건부 확률의 개념은 뒤에 회귀분석의 기초개념으로 쓰이게 된다.

예제 1.10 | 다음의 케인지언 소비함수를 예로 들어 보자.

$$c = \alpha + \beta y + u$$

여기서 c는 소비 y는 소득, u는 소비에 미치는 소득 이외의 나머지 확률변수인 오차요인을 나타낸다. 위 식에서 소득의 특정값이 주어질 때 소비의 확률분포가 역시 정해진다. 후술하는 회귀분석은 소득 조건부 소비함수의 계수 α, β를 추정하는 것이 일차적 목적이다.

7 | 확률변수의 특성값

확률변수는 확률밀도함수에 의해 그 확률적 특성을 완벽하게 나타낼 수 있다. 그러나 이는 우리에게 확률변수에 대한 직관적인 정보를 제공하지는 못한다. 이에 따라 아래와 같이 기댓값과 분산 등 확률변수의 스칼라 특성값이 확률밀도함수를 대표해서 나타내기 위해 쓰이게 된다.

(1) 기댓값

확률변수 X의 기대값(expectation)은 확률변수의 기대되는 값으로 이산분포인 경우

$$E(X) = \sum_{i=1}^{n} x_i f(x_i)$$

로 계산되며, 나올 수 있는 확률변수의 모든 값 x_i에 대한 확률밀도함수 $f(x_i)$로 가중한 값이라고 할 수 있다.

기댓값은 평균(average)과 가까운 개념인데, n개의 확률변수의 모든 값에 대한 확률밀도함수가 다음과 같이 모든 i에 대해 동일하다면 양자는 평균과 수학적으로 동일한 개념이다.

$$f(x_i) = \frac{1}{n}$$

예를 들어 주사위를 던져서 나오는 수(숫자대로 상금 지급 가정)의 상금 X의 기댓값은

$$E(X) = 1 \times 1/6 \ + \ 2 \times 1/6 \ +,..., \ 6 \times 1/6 = 3.5$$

와 같이 주어지는데 이는 상금의 평균이다. 연속분포인 경우는 기댓값(expected value)은

$$E(X) = \int_{-\infty}^{\infty} x f(x) dx$$

와 같이 적분하여 얻어진다.[16]

다음은 기댓값의 성질로 기댓값의 정의와 합산의 성질을 이용하여 증명이 가능하다.

a. c가 상수일 때 $E(c) = c$
b. a와 b가 상수이면 $E(aX+b) = aE(X) + b$
c. 확률변수 X와 Y가 서로 독립이면 $E(XY) = E(X)E(Y)$
d. $E[g(X)] = \sum_{i=1}^{n} g(x_i) f(x_i)$

위의 성질(d)의 경우 곱해지는 확률밀도함수 $f(x_i)$는 x_i에 대응함에 유의하자. 이는 함수 $g(x_i)$가 x_i에 의해 유일하게 일대일로 결정되므로 논리상 이의 확률 역시 x_i에 의해 결정되기 때문이다. 예를 들어 $g(X) = X^2$로 정의된다면 이의 기댓값은 이산형 확률밀도 함수의 경우 다음으로 주어진다.

$$E(X^2) = \sum_{i=1}^{n} x_i^2 f(x_i)$$

예제 1.10 예를 들어 $E(\ln(X)) = \sum_{i=1}^{n} \ln(x_i) f(x_i)$이 성립한다. 그러나 일반적으로 $E[g(x)] \neq g[E(x)]$임에 유의하자.

그러면 어떤 변수에 영향을 미치는 특정 다른 변수의 값이 정해졌을 때에는 기댓값을 어떻게 정의해야 할까? 예를 들어 주택의 매매가와 전세가 두 가지가

---

16) 적분에서 합의 극한 개념임에 유의하라.

서로 밀접하게 관련이 되어 있다고 하자. 가령 전세가가 높으면 주택 매입 수요가 늘어 결국 매매가가 올라갈 수 있다. 결국 매매가의 기댓값은 전세가에 의존하게 되며 조건(전세가)부 매매가의 기댓값이라는 개념이 정의된다.

좀 더 엄밀하게 $X = x$인 경우, Y의 조건부 기댓값은 앞에서 정의한 조건부 기대확률 $f(y|X = x)$을 사용하여 다음과 같이 계산된다.

$$E(Y|X = x) = \sum_{i=1}^{n} y_i f(y_i|X = x)$$

여기서 비조건부 기댓값은 앞에서와 같이 $E(Y) = \sum_{i=1}^{n} y_i f(y_i)$와 같이 정의됨에 유의하자. 물론 조건부 기댓값은 조건 $X = x$가 어떻게 주어지느냐에 따라 달라지게 되며 따라서 x의 함수이다.

참고 1.1
조건부 기댓값과 회귀분석

조건부 기댓값은 회귀분석의 기초가 되는데, 확률변수 X가 주어졌을 때 Y의 조건부 기댓값을 구하고자 할 때 적용하는 것이 회귀분석의 기초개념이다. 예를 들면 두변수 간의 관계가 다음과 같이 선형인

$$Y = \beta X + u$$

인 경우를 가정하자. 여기서 오차항 u의 조건부 기댓값에 대해 $E(u|X) = 0$이라 가정할 때 조건부 기댓값은

$$E(Y|X) = \beta X$$

로 주어진다. 예를 들어 X가 기준금리이고 Y가 인플레이션인 경우 통화정책으로 바뀌는 기준금리와 이에 대한 인플레이션의 조건부 기대값을 정의할 수 있다.

여기서 미지의 모수 β를 구하는 방법이 회귀분석 추정의 핵심 문제가 된다. 물론 조건부 기댓값의 형태가 꼭 이렇게 X에 대해 선형(linear)일 필요는 없다. 좀 더 곡선처럼 복잡하거나 심지어는 형태를 모르더라도 비모수적 (non-parametric)으로 추정하는 방법이 개발되어 있다.

　동전을 던져 앞면(H)이 나오면 주사위를 던져 나오는 수만큼 돈을 받고, 뒷면(T)이 나오면 0원을 받는 게임을 생각하자. 상금 Y의 기댓값을 구하여라.

풀이　게임은 먼저 동전을 던지고, 다음으로 주사위를 던지는 2단계로 구성된다.

먼저 표본 공간은 동전 던지기 $\{X \mid H, T\}$, 상금 $\{Y \mid 0,1,2,3,4,5,6\}$로 주어진다. 다음으로 상금 Y의 각 사상에 대한 확률은 조건부 확률 공식 $f(x,y) = f(x|y) \times f(y)$에서 다음과 같이 주어진다.

$f(Y=0) = 1/2,$

$f(Y=1) = f(Y=1, X=H) + f(Y=1, X=T)$

$\qquad = f(Y=1|X=H)f(X=H) + f(Y=1|X=T)f(X=T)$

$\qquad = 1/6 \times 1/2 + 0 \times 1/2 = 1/12$

이와 마찬가지로 다음이 구해진다.

$f(Y=2) = 1/12, ..., f(Y=6) = 1/12,$

마지막으로 이에 기초하여 Y의 기댓값은 다음과 같이 주어진다.

$E(Y) = 0 \times (1/2) + 1 \times (1/12) + ... + 6 \times (1/12) = 3.5.$

(2) 분산

분산 (variance)은 확률변수가 기댓값으로부터 얼마나 떨어져 있는지의 정도를 나타낸다. 금융경제학적인 의미에서 분산은 주가 같은 자산 가치(x)가 확정되지 않아 확률을 가지고 변화(random)할 경우 발생하는 위험(risk)의 개념과 연계된다. 이는 확률변수 x의 기댓값 $E(x)$으로부터의 확률변수 x의 평균적 이탈 거리의 기댓값으로 다음과 같이 계산된다.

$$Var(X) = E\left[X - E(X)\right]^2$$

여기서 분산 역시 기댓값의 일종임에 유의하자. 한편 분산의 제곱근 $\sqrt{Var(X)}$ 은 표준편차(standard deviation)라고 한다.

분산의 성질은 다음과 같다.

a. $Var(X) \equiv E[X - E(X)]^2 = E(X^2) - E(X)^2$

b. 상수의 분산은 0이다.

c. a와 b가 상수이면 $Var(aX + b) = a^2 Var(X)$

d. 확률변수 X와 Y가 서로 독립이면
   $Var(X + Y) = Var(X) + Var(Y)$

예제 1.12 | 동전을 던졌을 때 앞면(H)이 나오면 1원, 뒷면(T)이 나오면 0원을 줄 경우, 두 번을 던졌을 때 나오는 수익금 합인 확률변수 X의 분산을 구하여라.

풀이 | [예제 1.6]에 따라 X의 수익금 합의 표본공간 내 모든 값(원소 사상)은 {0, 1, 2}으로 상응하는 확률 밀도 함수는

$$P(X = 0원) = 1/4, P(X = 1원) = 2/4, P(X = 2원) = 1/4$$

이다. 이에 따라 X의 분산은 다음 순서로 주어진다.

$$E(X) = 0 \times \frac{1}{4} + 1 \times \frac{1}{2} + 2 \times \frac{1}{4} = 1$$

$$E(X^2) = 0^2 \times \frac{1}{4} + 1^2 \times \frac{1}{2} + 2^2 \times \frac{1}{4} = \frac{3}{2}$$

$$Var(X) = E(X^2) - E(X)^2 = \frac{3}{2} - 1^2 = \frac{1}{2}$$

참고 1.2

시계열 모형 내의 조건부 분산

조건부 기댓값과 상응하는 조건부 분산의 개념도 성립한다. 이는 시계열 모형(time series model)에서 R. Engle이 도입한 ARCH(autoregressive conditional heteroskedasticity) 모형이라고 알려져 있다. 금융경제학에서 주가나 환율 등의 위험 분석 및 예측 등에 사용한다.

(3) 공분산

두변수 사이가 서로 얼마나 밀접한 관계를 가지고 있는지를 계산하는 것으로 공분산 (covariance)을 들 수 있으며 다음 식과 같이 정의된다.[17]

$$Cov(X, Y) = E[(X - EX)(Y - EY)]$$

공분산의 성질은 아래와 같다.

a. $Cov(X, Y) = E(XY) - E(X)E(Y)$

b. X와 Y가 독립이면 이들의 공분산은 다음 식과 같이 0이다.
$Cov(X, Y) = E(XY) - E(X)E(Y) = E(X)E(Y) - E(X)E(Y) = 0$
(X와 Y가 독립이면 $E(XY) = E(X)E(Y)$이므로 성립한다.)

c. X=Y이면 공분산은 분산과 동일해진다.

---

17) 공분산 역시 기댓값의 일종임에 유의하자.

공분산 역시 회귀분석과 밀접한 관련이 있다. 변수가 X와 Y로 두 개인 경우 모형을

$$Y = \beta X + u$$

로 가정하면, 위 모형에서 계수 β의 최적인 회귀분석 추정량이

$$\hat{\beta} = Cov(X, Y) / Var(X)$$

로 주어짐을 보일 수 있다. 즉 β의 최적 회귀분석추정계수는 두 변수, 예를 들어 소득과 소비가 어느 정도 상관있는지를 공분산으로 측정한 후 X의 분산으로 표준화하는 것이다.

두 변수 간의 상관관계를 계측하는 공분산의 한 가지 단점은 해당 변수의 측정 단위에 의존하여 부풀리기가 가능하다는 점이다. 가령 X와 Y의 각각에 10을 곱하는 경우

$$Cov(10X, 10Y) = 100 \, Cov(X, Y)$$

이다. X와 Y의 기본적 상관정도가 변하지 않았는데 단지 변수의 측정 단위만 바꾸는 경우 공분산이 100배 커진 것이다.

이런 문제를 해소하기 위해 다음으로 정의되는 상관계수(correlation coefficient)를 사용한다.

$$Cor(X, Y) = \frac{Cov(X, Y)}{\sqrt{Var(X)Var(Y)}}$$

이러한 상관계수의 크기 범위는 변수의 측정 단위와 무관하게 $-1 \leq cor(X, Y) \leq 1$로 주어진다. 여기서 상관계수가 -1이면 완전한 음의, $+1$이면 완전한 양의 상관관계를 갖는다. 상관계수로는 아래와 같이 변수 단위 조정을 통한 부풀리기가 불가능해진다.

$$Cor(10X, 10Y) = \frac{Cov(10X, 10Y)}{\sqrt{Var(10X)\,Var(10Y)}} = Cor(X, Y)$$

참고 1.4

회귀분석에서 설명변수 X가 Y를 설명하는 정도를 평가하기 위한 지표로 참고 1.1과 같은 두 변수 모형의 경우

$$R^2 = Cor(X, Y)^2$$

이 사용되며 이는 0에서 1 사이의 값을 갖는다. 예를 들어 R^2은 기준금리가 인플레이션을 얼마나 설명하는지를 나타낸다. 한편 X와 Y가 서로 독립이면 $R^2 = cor(X, Y)^2 = 0$가 된다. 서로 상관관계가 음이든 양이든 높을수록 R^2은 1에 가까워 지게 된다. 다만 X변수의 수가 두 개 이상으로 많아지면 R^2은 다른 형태를 띠게 되며 이는 나중에 더 자세하게 다루기로 한다.

예제 1.13 동전을 던졌을 때 각 1/2의 확률로 앞면이 나오면 경우 상금(X)이 $X=1$, 뒷면이 나오는 경우 $X=0$이라고 한다. 또 다른 동전을 던졌을 때 상금(Y)이 각 1/2의 확률로 앞면이 나오면 $Y=1$, 뒷면이 나오는 경우 $Y=0$이라고 한다. X와 Y가 통계적으로 독립이라고 가정하자.

a. $Z = X + Y$의 표본공간을 구하여라.

풀이 Z를 만들어 내는 (X, Y) 표본공간은 다음으로 주어지며

(0,0)	(0,1)
(1,0)	(1,1)

이에 따라 $Z = X + Y$의 표본공간은 {0, 1, 2}으로 주어진다.

b. 확률변수 Z의 확률밀도함수를 구하여라.

풀이   { $Z=0$:1/4, $Z=1$: 1/2, $Z=2$: 1/4}

c. 확률변수 Z의 기댓값을 구하여라.

$$0 \times \frac{1}{4} + 1 \times \frac{1}{2} + 2 \times \frac{1}{4} = 1$$

d. 확률변수 Z의 분산을 구하여라.

$$(0-1)^2 \times \frac{1}{4} + (1-1)^2 \times \frac{1}{2} + (2-1)^2 \times \frac{1}{4} = \frac{1}{2}$$

8 | 정규분포와 이의 파생 확률분포

연속형 확률밀도 함수로 가장 중요한 것은 다음의 정규분포(normal distribution, 혹은 Gauss 분포)이다.

$$f(y) = \frac{1}{\sigma\sqrt{2\pi}}\exp\left[-\frac{(y-\mu)^2}{2\sigma^2}\right] \quad -\infty < y < \infty$$

여기서 확률변수 x의 기댓값은 μ, 분산은 σ^2임을 증명할 수 있으며 어떤 변수가 정규분포를 이루는 것을 $N(\mu, \sigma^2)$로 표시한다. 이는 복잡하지만 확률변수 y에 대응한 확률을 나타내는 함수이다. 만일 기댓값을 아래와 같이 확률변수 x에 의해 결정되는 것으로 보는 경우, 계수 β는 확률변수 y의 기댓값을 확률변수 x에 의해 설명하는 정도를 나타내며 추후 공부하는 회귀분석 계수와 연결된다.

$$\mu = \beta x$$

참고 1.5

이 경우 위의 $f(y)$는 다음과 같이 참고1.1에서 기댓값이 0이고 분산이 σ^2인 오차항 u의 확률밀도함수로 해석할 수도 있다.

$$f(u) = \frac{1}{\sigma\sqrt{2\pi}}\exp\left[-\frac{u^2}{2\sigma^2}\right]$$

이런 특성 때문에 후술하는 β의 OLS 회귀분석 추정량과 최대우도 추정량은 같아지는 특성을 지니며 추정량의 분산이 최소화되는 최적성을 가져오게 된다.

정규분포는 평균을 중심으로 좌우 대칭의 형태이다.[18] 또한 x가 정규분포를 이룰 때 표준변환된 변수 $z = \dfrac{y-\mu}{\sigma}$은 항상 기댓값이 0이고 분산이 1인 표준(standard) 정규분포를 갖는다. 확률변수 z가 구간 [a, b] 사이에 위치하는 확률은 구간 면적(연속형이므로)으로 적분하여 계산[19]하며 통상 표준정규분포표를 이용한다.[20] 다음 그림에 따르면 z가 구간 [-2, 2]에 있을 확률은 약 95%가 된다.

그림 1.1 표준정규분포의 확률밀도함수의 그래프

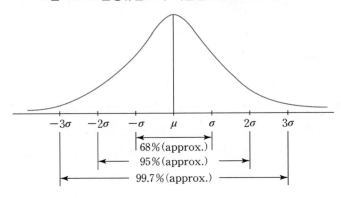

한편 두 변수의 결합확률밀도함수가 정규분포를 따르는 경우 공분산이 0이면 두 변수는 서로 독립이다.

한편 확률변수의 확률분포는 일반적으로 정규분포와 밀접한 관련이 있다.

---

18) 이는 이 함수가 제곱의 형태 $[\pm (x-\mu)]^2$를 가지는 것에 연유한다.

19) 이는 통상 적분값의 완결해(closed form solution)가 존재하지 않으므로 컴퓨터 시뮬레이션으로 계산한다.

20) 자료가 여러 개($x_1, ..., x_n$) 있으면 정규분포를 이용하여 미지의 모수 μ, σ^2의 추정을 할 수 있으며 이를 최우추정법(maximum likelihood estimation)이라 한다. 추정의 문제는 나중에 다룬다.

즉, 일정한 조건을 만족하는 경우 확률변수의 합(평균)은 표본의 수가 증가하는 경우, 개별변수의 확률분포가 무엇이든지 간에 확률분포가 정규분포로 수렴하며 이를 중심극한정리(central limit theorem)이라 한다.

정규분포를 하는 확률변수를 더하고 곱하거나 나누는 경우의 확률밀도함수도 현실에서 자주 사용된다. 즉 연속 확률분포 곧 t, F 및 χ^2 분포는 정규분포의 파생형이며 나중에 회귀분석의 계수에 대한 가설검정에서 중요한 역할을 한다. 먼저 다음의 참고를 먼저 학습하자.

참고 1.6

통계학에서 자유도(degree of freedom)는 제약없이 변할 수 있는 수와 관련이 있다. 예를 들어 확률변수 $X = x_1 + x_2$는 x_1과 x_2가 자유롭게 변할 수 있으면 자유도가 2이다. 만일 $X = 1$이라는 제약이 있으면 X의 자유도는 1로 줄어든다. 왜냐하면 x_1은 자유롭게 변할 수 있지만 $x_1 + x_2 = 1$라는 제약으로 인해 x_2는 x_1이 정해지면 $1 - x_1$이라는 값을 자동적으로 갖게 되기 때문이다. 유사하게 자유도가 줄어들면 x_1 과 x_2로 만들어진 확률변수 $x_1^2 + x_2^2$의 변동성은 줄어들게 된다.

이를 (x_1, x_2)의 좌표 평면에서 알아보기로 하자. 먼저 $X=1$이면 이는 $x_2 = 1 - x_1$임을 나타내며 이 경우 (x_1, x_2)는 직선에서만 움직일 수 있다. 반면 이런 제약이 없으면 2차원 평면 전체가 변동 범위이며 그 변화 정도가 상대적으로 크다.

---

(1) χ_k^2 분포

만일 n개의 확률변수 $x_1, x_2, \ldots, x_k$가 서로 독립인 표준정규분포[N(0,1)]를 따를 경우, 확률변수 $X_k = \sum_{i=1}^{k} x_i^2$은 자유도가 k인 χ_k^2 분포를 따른다고 한다. 여기서 X_k의 기댓값은 k, 분산은 $2k$임을 보일 수 있다. 이 분포는 자유도가 k가 커지면 정규분포로 접근하는데 이 역시 합의 형태와 이에 따른 중심극한정리와 관련이 있다.

그림 1.2 자유도증가에 따른 χ_k^2 분포의 형태의 변화

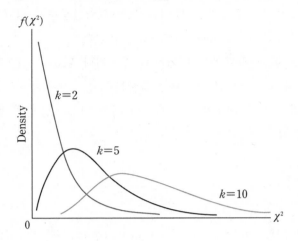

(2) F분포

두 개의 확률변수 w_a과 w_b가 서로 독립이며 각각 χ_a^2과 χ_b^2인 분포를 따를 때 분자의 분모를 자유도로 나눈 변수 $F_{a,b} = \dfrac{w_a/a}{w_b/b}$는 자유도 a, b인 F분포를 따른다고 한다.

그림 1.3 자유도증가에 따른 F 분포의 형태의 변화

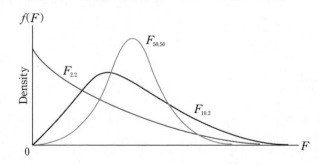

(3) t분포

t분포는 $t = \dfrac{z}{\sqrt{w_k/k}}$로 정의된다. 여기에서 분자의 확률변수 z는 표준정규

분포, 변수 w_k는 자유도 k인 χ_k^2 분포이며 두 변수는 서로 독립으로 가정한다. t분포는 중간부분이 표준정규분포에 비해 상대적으로 두텁다가 자유도 k가 커질수록 표준정규분포에 가깝게 된다. t분포는 표준편차 σ를 분자와 분모에 곱하더라도 그 값이 유지가 되는 특성으로 인해 표준편차 σ를 모르는 경우에 표준정규분포 대신 사용 가능하다.

$$t = \frac{\sigma z}{\sqrt{\sigma^2 w_k / k}}$$

그림 1.4 자유도증가에 따른 t 분포의 변화

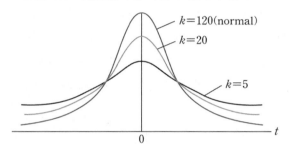

통계학은 자료(Data)의 수가 많아질 때 의미있는 일을 할 수 있는 학문이다.[21] 한두 번은 우연이지만 여러 번이면 필연이라는 말이 있는 것처럼 여러 번 동일한 것이 관측되면 어떤 정보나 의미를 함축한다.

확률변수의 모든 정보는 확률분포(밀도함수)에 담겨있음을 앞에서 설명한 바 있다. 자료 수가 많으면 일반적으로 평균(average)의 확률 분포를 알 수 있는데 이것이 다음 장에 서술하는 대수의 법칙과 중심극한 정리이다. 이에 따라 개별 변수의 확률밀도함수를 정확히 모르는 변수라도 평균을 이용하여 유용한 통계적 정보를 취득할 수 있다.

---

21) 그러나 표본이 작은 경우에도 bootstrap 등 컴퓨터를 이용 표본을 만들어 내는 기법도 있다. 예를 들어 FDA에서는 신약 효과 검정 등에 bootstrap 기법을 사용한다.

9 | 대수의 법칙(Law of large numbers)과 중심극한정리(Central limit theorem)

먼저 모든 i에 대해 x_i가 기댓값이 μ이고 분산이 유한한 $\sigma^2 < \infty$인 확률변수이며 전체 $\{x_1, x_2, ..., x_n\}$(표본의 수 n)은 서로 독립이라고 가정하자. 이를 통상 독립동일분포 (independent and identically distributed, 약어로 i.i.d.) 가정이라고 한다. 동일하다는 것은 모든 x_i들은 모두 동일한 기댓값과 분산을 갖는 확률변수라는 것이다. 이 가정은 여러 가지 방향으로 완화(독립 또는 동일 조건의 포기 등)될 수 있으며 이 경우도 아래에서 설명하는 대수의 법칙이 광범위하게 성립한다.

먼저 다음 식을 표본평균으로 정의하자.

$$\overline{x_n} = n^{-1} \sum_{i=1}^{n} x_i$$

(1) 대수의 법칙

대수의 법칙은 평균이 표본의 수가 증가함에 따라 기댓값으로 수렴함을 나타낸다. 대수의 법칙의 설명에 앞서 확률적 극한에 대한 설명이 먼저 필요하다.

먼저 c가 임의의 상수일 때 n에 의존하는 아래 식을 고려하자.

$$b_n = 1 + \frac{c}{n}$$

위 식에서 n이 무한히 커짐에 따라오는 b_n의 점근적 극한은 $b_n \rightarrow 1$ 또는[22]

$$\lim_{n \to \infty} b_n = 1$$

로 표시한다. b_n이 표본평균 $\overline{x_n}$와 같이 확률변수인 경우는 이 개념이 어떻게 바뀔까? 표본평균 $\overline{x_n}$은 표본수 n이 커짐에 따라 x_i의 기댓값 μ에 점점 확률적으로 접근한다. 다른 말로 $\overline{x_n}$가 μ와 다를 확률은 n이 커짐에 따라 0에 가까이 간다는 의미이며 이를 대수의 법칙이라고 한다. 이는 $\overline{x_n} \rightarrow_p \mu$ 또는[23]

$$plim\,\overline{x_n} = \mu$$

로 표시(convergence in probability) 하고 표본평균은 일치성(consistency)을 갖는다고도 한다.

(2) 중심극한정리

중심극한정리는 평균과 그 기댓값의 차이를 표준편차로 표준화(standardize)한 변수의 확률 분포가 표본수가 증가함에 따라 정규분포로 수렴함을 나타낸다.

좀 더 엄밀한 설명을 위해 앞에서 제시한 확률변수 $\{x_i\}$의 i.i.d 가정하에 먼저 표본평균 $\overline{x_n}$의 기댓값과 분산을 먼저 구해보자.

(i) $E(\overline{x_n}) = E(n^{-1} \sum_{i=1}^{n} x_i) = n^{-1} \sum_{i=1}^{n} E(x_i) = n^{-1} \sum_{i=1}^{n} \mu = \mu$

---

22) 엄밀하게는 어떤 $\delta > 0$에 대하여도 모든 $n > N_\delta$에 대하여 $|b_n - 1| < \delta$를 충족하는 N_δ가 존재함을 의미한다.

23) 엄밀하게는 어떤 $\delta > 0$에 대하여 모든 $n > N_\delta$에 대하여 $|\overline{x_n} - \mu| < \delta$일 확률이 1로 접근 (이러한 확률이 1이면 이를 almost sure 또는 almost everywhere 극한이라 한다. 이 경우는 $\overline{x_n} \rightarrow_{a.s.} \mu$로 표시한다)하는 N_δ가 존재하는 경우이다.

ii) $Var(\overline{x_n}) \equiv E[n^{-1}\sum_{i=1}^{n}x_i - \mu]^2$

$= E[n^{-1}\sum_{i=1}^{n}(x_i - \mu)]^2$

$= n^{-2}[\sum_{i=1}^{n}E(x_i - \mu)^2 + \sum_{j \neq k}^{n}E[(x_j - \mu)(x_k - \mu)]]$ $\left.\begin{matrix} \\ \end{matrix}\right\}$ $\{x_i\}$의 i.i.d 가정 사용

$= n^{-2}[\sum_{i=1}^{n}E(x_i - \mu)^2 + \sum_{j \neq k}^{n}E(x_j - \mu)E(x_k - \mu)]]$ ◄

$= n^{-2}\sum_{i=1}^{n}E(x_i - \mu)^2 = \frac{n\sigma^2}{n^2} = \frac{\sigma^2}{n}$ $\left.\begin{matrix} \\ \end{matrix}\right\}$ $E(x_j) = \mu$임을 이용

이어서 다음과 같이 앞의 (ii)에서 구한 평균의 표준편차 $\sqrt{Var(\overline{x_n})}$로 나누어준 표준화된 변수

$$z_n = \frac{\overline{x_n} - E(\overline{x_n})}{\sqrt{Var(\overline{x_n})}} = \frac{\overline{x_n} - \mu}{\sigma/\sqrt{n}}$$

의 확률분포는 첫째, 만일 개별변수 $x_1, x_2, ..., x_n$이 정규분포를 따른다면 표본평균 $\overline{x_n}$도 정규분포를 따르므로 z_n은 표본수 n에 관계없이 표준정규분포를 따른다.

$$z_n \sim {}_dN(0,1)$$

둘째, 만일 $x_1, x_2, ..., x_n$이 정규분포를 하지 않더라도 i.i.d. 가정을 한다면 n이 커짐에 따라 Z_n의 확률분포는 표준정규분포 N(0,1)로 수렴한다. 이를 분포수렴(d: convergence in distribution)으로 표시하며 다음과 같이 나타낸다.

$$z_n \to {}_dN(0,1)$$

이를 중심극한 정리라 부른다.

회귀분석의 추정계수도 설명변수가 비확률변수라면 기본적으로는 가중된 표본평균이기 때문에 이 중심극한 정리를 이용하여 그 확률적 성질을 구할 수 있다.

예제 1.14 동전을 던졌을 때 앞면이 나오면 1원, 뒷면이 나오면 0원의 상금을 준다고 한다. 동전을 20번 던졌을 때[24] 받게 되는 평균 상금 $\overline{x_{20}}$이 0.7원 이상될 확률은 얼마인가 ?

풀이 먼저 한 번 동전을 던졌을 때의 상금 x_i의 기댓값과 분산을 구하자.

먼저 기댓값은

$$\mu = \frac{1}{2} \times 1 + \frac{1}{2} \times 0 = 0.5$$

이며 분산은

$$\sigma^2 = \frac{1}{2} \times (1 - 0.5)^2 + \frac{1}{2} \times (0 - 0.5)^2 = 1/4$$이고 따라서 표준편차는

$\sigma = \frac{1}{2}$이다.

다음으로 평균 상금 $\overline{x_{20}}$이 0.7원 이상 될 확률은 다음 식의 순서로 구한다.

$$P[\overline{x_{20}} \geq 0.7] = P[\overline{x_{20}} - \mu \geq 0.7 - \mu] =$$
$$P[(\overline{x_{20}} - \mu)/(\sigma/\sqrt{20}) \geq (0.7 - \mu)/(\sigma/\sqrt{20})] =$$
$$P[N(0,1) \geq (0.7 - 0.5)/(0.5/\sqrt{20})] =$$
$$P[N(0,1) \geq 1.7888] = 0.0375$$

◀ 부등식에서 양쪽에 같은 값을 차감해도 또는 나누어도 확률 동일

위의 마지막 부등식에서 제시하는 확률은 부록의 표준정규분포표를 이용하여 구한다.

다음의 문제를 풀어보자.

예제 1.15 문제 1: x_i=동전을 20번째 던졌을 때 나오는 상금일 때 평균상금이 0.2에서 0.8일 확률을 계산하라.

문제 2: x_i=주사위를 30번째 던졌을 때 나오는 상금일 때 평균상금이 0.3에서 0.5일 확률을 계산하라.

---

24) 이 실험은 i.i.d 가정을 만족한다고 가정한다.

풀이 예제 1.14와 같은 방식으로 풀면 된다.

그런데 예제 1.13에서 x_i의 표준편차 σ를 모르는 대부분의 경우에는 어떻게 확률을 계산할 수 있는가? 이는 다음의 식의 구성요소들 중

$$\sigma^2 \equiv var(x) = E[x - E(x)]^2$$

$E(x)$를 평균 $\overline{x_n}$로 대체하고 x_i에서 차감한 후 이의 평균을 다음과 같이 추정하여 구한다.

$$\widehat{\sigma^2} = \sum_{i=1}^{n}(x_i - \overline{x_n})/(n-1)$$

우리는 $\widehat{\sigma^2}$의 기댓값이 σ^2임을 보일 수 있다. 다음으로 자유도가 $n-1$인 $t-$통계량

$$t_{n-1} = \frac{\overline{x_n} - \mu}{\hat{\sigma}/\sqrt{n-1}}$$

을 Z_n 대신 얻는다. 여기서 자유도가 n에서 $n-1$로 1 줄어들게 되며 위의 통계량 t_{n-1}은 자유도가 $n-1$인 $t-$분포를 따르는 것을 보일 수 있다.

따라서 예제 1.14는 다음의 자유도가 19인 $t-$통계량

$$t_{19} = \frac{\overline{x_{20}} - \mu}{\hat{\sigma}/\sqrt{19}}$$

으로 대체된다. 나중에 소개하는 회귀분석의 추정계수 역시 분산을 추정하게 되며 이러한 t 검정을 사용하게 된다.

예제 1.16 동전을 1번 던졌을 때 앞면이 나오면 1원, 뒷면이 나오면 0원의 배당금을 준다고 한다. 동전을 20번 던졌을 때 받게 되는 평균 상금이 0.7원 이상 될 확률은 얼마인가? (표준편차는 모른다고 가정하고 실제

동전을 20번 던져 위에서 제시된 식을 이용하여 구한다.)

$$P[\overline{x_{20}} \geq 0.7] = \Pr[\overline{x_{20}} - \mu \geq 0.7 - \mu] =$$
$$P[(\overline{x_{20}} - \mu)/(\hat{\sigma}/\sqrt{19}) \geq (0.7 - \mu)/(\hat{\sigma}/\sqrt{19})] =$$
$$P[t_{20} \geq (0.7 - 0.5)/(\hat{\sigma}/\sqrt{19})]$$

이 확률은 부록의 $t-$분포표를 이용하여 구할 수 있다.

예제 1.17

문제 1: 동전을 20번째 던졌을 때 나오는 평균상금이 0.2에서 0.8일 확률을 계산하라.

문제 2: 주사위를 30번째 던졌을 때 나오는 평균상금이 3에서 5일 확률을 계산하라.

(위의 두 문제를 풀 때 표준편차는 모른다고 가정하고 실제 동전을 20, 30번 던져 구한다.)

문제 3: 정사면체를 던져 나오는 수 x_t는 $x_t \in \{1, -1, 0, -2\}$라고 한다. 이 정사면체를 9번 던져 나오는 수의 표본평균이 0 이하일 확률을 구하여라. (다만 풀이는 중심 극한 정리를 이용한다. $\sqrt{5} = 2$로 계산하라.)

풀이

각 원소가 나올 확률이 각각 1/4이므로 x_t의 기댓값 μ와 분산 σ^2을 구할 수 있다. 이를 기초로 표본 평균이 정규분포를 한다는 가정하에 표준화된 변수 Z_n를 구하여 문제를 푼다.

    한편 표본평균의 일치성과 중심극한 정리는 상호 결합되어 복잡한 함수의 극한분포를 구하는 데 유용하게 응용될 수 있다. 예를 들어 후술하는 회귀분석 OLS 추정량의 경우 분수의 형태를 띠는데 이의 극한분포(표본수가 ∞로 많아질 때의 분포)를 구하는데 사용된다.

📚 **정리 1.1**

1) $a_n \to_p a$이고 $b_n \to_d N(\mu, \sigma^2)$이면 $a_n b_n \to_d N(a\mu, a^2\sigma^2)$이다.

   [이는 Slutsky 정리로 알려져 있다]

2) $a_n \to_p a$이고 $b_n \to_p b \neq 0$이면 $a_n/b_n \to_p a/b$이다.

3) $a_n \to_p a$이며 $y = g(x)$가 a에서 연속인 함수이면 $g(a_n) \to_p g(a)$이다.

다음 그림의 경우 함수 $y = g(x)$는 점 a에서 연속이 아니다.

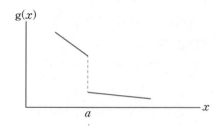

예제 1.18 | t-통계량은 n이 커짐에 따라 표준정규분포로 수렴함을 보여라.

풀이 이를 보이기 위하여 먼저 t-통계량을 다음으로 고쳐 쓴다.

$$t_n = \frac{\overline{x_n} - \mu}{\hat{\sigma}/\sqrt{n}} = \frac{\sigma}{\hat{\sigma}} \frac{\overline{x_n} - \mu}{\sigma/\sqrt{n}}$$

여기서 $\hat{\sigma}$은 σ의 추정량이다.

다음으로 (i) $\hat{\sigma} \to_p \sigma$을 가정하면 정리 1.1(2)에 의해 $\frac{\sigma}{\hat{\sigma}} \to_p 1$이다.

(ii) 다음으로 중심극한정리에 의해 $\frac{\overline{x_n} - \mu}{\sigma/\sqrt{n}} \to_d N(0,1)$ 이므로 Slutsky 정리에 따라 $t_n \to_d N(0,1)$이다.

01 표본공간이 {1,2,....,N}으로 주어졌다고 하자. 사건 A를 다음과 같이 정의하는 경우 사건 A의 확률을 구하여라. 다만 N은 홀수라고 한다.

    a) 사건이 짝수인 경우

    b) 사건이 홀수인 경우

02 표본공간이 자연수라 하자. 사건 A를 다음과 같이 정의하는 경우 <문제 01>의 답을 이용하여 사건 A의 확률을 구하여라.

    a) 사건이 짝수인 경우

    b) 사건이 홀수인 경우

    c) 10^5보다 작은 경우

03 {1,2,3,4}의 수를 가진 정사면체 주사위를 두 번 던져 나올 수 있는 숫자의 합의 확률밀도함수를 구하여라.

04 주사위를 두 번 던질 때 나오는 숫자를 각각 X_1과 X_2라 하자. $X_1 + X_2 = 8$인 경우 $X_2 = 4$일 조건부 확률을 구하여라.

05 주사위를 던지면 나오는 수의 표본공간이 {1,2,....,6}으로 주어졌다고 하자. 주사위를 두 번 던졌을 때 각각 나오는 수를 X와 Y라고 하자.

    1) $X-Y$의 확률밀도함수와 분포함수를 구하여라.

2) X의 조건부 확률밀도함수 $f(X|X-Y=0)$을 구하여라.

3) X와 $X-Y$는 독립인가?

06 동전을 던졌을 때 앞면(H)이 나오면 1원, 뒷면(T)이 나오면 0원을 줄 경우, 세 번을 던졌을 때 나오는 수익금 합인 확률변수 X의 분산을 구하여라.

07 표본공간이 $\{1,2,....,N+1\}$으로 주어졌다고 하자. 사건 A를 다음과 같이 정의하는 경우 사건 A의 확률을 구하여라. 다만 N은 4로 나누면 1이 남는 자연수라고 한다.

1) 사건이 4의 배수인 경우의 확률

2) 표본공간이 자연수인 경우 사건이 4의 배수인 확률

08 정사면체를 던지면 나오는 수의 표본공간이 $\{1,2,3,4\}$로 주어졌다고 하자. 정사면체를 두 번 던졌을 때 각각 나오는 수를 X와 Y라고 하자. (1-2)

1) X의 조건부 확률 $f(X=2||X-Y| \leq 1)$ 을 구하여라.

2) E(|X-Y|)을 구하여라.

09 $[X_1, X_2,....,X_N]$ 은 서로 독립이며 각각 정규분포 $X_i \sim N(-1,2)$ 를 하는 확률변수들이다. 다음을 계산하여라. (1-4)

1) $E[X_1 + X_2]^2$

2) $E[\sum_{i=1}^{2} X_i]^2$

3) $E[(\sum_{i=1}^{2} X_i)^2 X_5]$

4) $E[(\sum_{i=1}^{2} X_i)^2 X_5^2]$

10 변수 x_i와 y_i는 모두 $iid \sim N(\mu, \sigma^2)$의 분포를 갖는다고 한다. ( ) 안을 채우고 다음 물음에 답하여라. (Hint 정리 1.1을 이용하라)

1) $(\overline{x_n})^2 / \overline{y_n} \rightarrow_p ($ $)$

2) $(\overline{x_n})^2 \dfrac{\overline{y_n} - \mu}{(\dfrac{\sigma}{\sqrt{n}})} \rightarrow_d ($ $)$

제 **2** 장

통계적 추정과 추론

1 추정
2 가설검정

계량
경제학
강의

"지혜는 바래지 않고 늘 빛이 나서 그를 사랑하는 이들은 쉽게 알아보고 그를 찾는 이들은 쉽게 발견할 수 있다."

〈지혜서: 6장 12절〉

확률밀도함수를 결정하는 미지의 모수(parameter)에 대한 정보를 얻기 위하여 관측된 자료를 바탕으로 예측하는 것을 추정(estimation), 미지의 모수에 대한 가설을 세우고 이를 채택 또는 기각하는 것을 추론(inference)이라고 한다.[1] 이는 통계적 정보처리와 의사결정과정을 의미한다.

---

1) 검사는 범인을 추정하고 판사는 증거를 통해 추정된 범인인지를 채택 또는 기각한다. 본질적으로 통계학의 가설검정과 재판은 맥을 같이한다.

1 | 추정

확률 변수 x가 $f(x:\theta)$의 확률밀도함수를 가지고 있을 때, 미지의 모수 θ(예를 들어 정규분포의 경우 μ와 σ^2)에 대한 정보를 주는 주어진 자료$(x_1, x_2, ..., x_n)$로 이루어진 함수 $\widehat{\theta_n} = g(x_1, x_2, ..., x_n)$를 θ의 추정량(estimator)이라고 정의한다.[2]

추정에는 점추정(point estimation)과 구간추정(interval estimation)이 있다.

$$\boxed{자료} \xrightarrow[\text{추정(량)}]{} \boxed{모수}$$

먼저 점추정은 모수를 하나의 숫자(scalar)로 나타내는 것이다.

예제 2.1 실종 항공기의 위치를 찾기 위하여 비행궤적 등을 이용하여 2차원 평면에서 점으로 추정한다. 밀림이나 바다에서 비행기가 실종되는 경우 골든타임을 놓치지 않기 위해 신속한 위치 추정이 필요하다. 이런 사례를 뉴스에서 찾아보자.

---

2) AI를 통한 머신러닝 같은 것들도 유사한 개념이다. 많은 고양이 사진들로부터 공통적인 특징을 추출한 후 특정 사진을 고양이로 '추정'하는 것이다.

예제 2.2 ┃ 표본평균(mean, $\overline{x_n}$)은 모평균(μ)의 점추정량이다. 이를 많이 쓰는 이유에 대해 생각해 보자.

예제 2.3 ┃ 또 중위수(median)는 n개의 자료 $x_1, x_2, \ldots, x_n$를 크기로 순서를 세울 때 이 중 가운데인 표본값으로 역시 모평균(μ)의 점추정량이다. 중위수는 표본평균에 비해 극단값의 영향을 덜 받는다. 이들의 장단점은 무엇일지 생각해보자.

또 $\hat{\sigma} \equiv \sqrt{\sum_{i=1}^{n}(x_i - \overline{x_n})^2 / (n-1)}$ 는 표준편차 σ의 점추정량이다.

예제 2.4 ┃ 소비함수 $c = \alpha + \beta y$에서 한계소비성향 β의 점추정이 회귀분석으로 이루어진다. 이때 최적의 추정방법은 무엇일지 생각해보자.

다음으로 구간추정은 모수가 있을 수 있는 구간을 예측하는 것으로, 구간이 모수를 포함할 확률을 제시할 수 있는 장점이 있다. 모수를 넓게 예측하므로 점추정보다 덜 정확하나, 반대로 틀릴 확률도 줄어든다. 구간추정은 점추정에 바탕을 두어 얻어진다. 예를 들어 내년 경제성장률을 2.5~3.5%일 확률이 95%라고 예측하는 경우이다.

예제 2.5 ┃ 실종 항공기의 위치를 비행궤적 등을 이용하여 구간(공간)으로 추정할 수 있으며 예를 들어 95%의 확률로 원안에 위치하는지를 다음과 같이 표시한다. 유사하게 태풍의 이동 경로를 예측하여 구간 추정할 수 있을지 생각해보자.

확률변수 x_i의 기댓값 μ의 구간추정은, 예를 들어 표본평균($\overline{x_n}$)의 정보에 기초하여 주어진 어떤 구간이 미지의 모수인 기댓값 μ를 포함할 확률에 상응하는 것으로 주어진다. 이를 구하는 예로 표본수 n이 클 경우 중심극한 정리에 의해 95%의 확률로 다음이 성립한다는 사실에서 출발한다.

$$-1.96 \leq z_n \equiv \frac{\overline{x_n} - \mu}{\sigma/\sqrt{n}} \leq 1.96$$

위 식을 정리하면 아래의 μ에 대한 구간추정이 얻어지며 이 구간은 95%의 확률로 모평균 μ를 포함한다는 의미이다.

$$\overline{x_n} - 1.96\sigma/\sqrt{n} \leq \mu \leq \overline{x_n} + 1.96\sigma/\sqrt{n}$$

이는 반복적으로 n개의 표본을 추출하여 구간 추정을 하는 경우 고정된 μ가 주어진 구간에 포함될 확률이 95%라는 의미이며 이를 95%-신뢰구간(confidence interval)이라 한다. 여기서 μ는 상수이며, 구간의 상하한이 확률변수임에 유의하자. 따라서 위의 추정 구간 내에 확률변수 μ가 존재할 확률이 95%로 해석하여서는 안 된다.

물론 표준편차 σ를 모르는 경우 σ의 추정량인 $\hat{\sigma}$를 쓰는 경우 위의 구간은 다음으로 바뀌어 나타내진다. 이는 점근적으로 95%- 신뢰구간이 된다.

$$\overline{x_n} - 1.96\hat{\sigma}/\sqrt{n} \leq \mu \leq \overline{x_n} + 1.96\hat{\sigma}/\sqrt{n}$$

예제 2.6

동전을 던졌을 때 앞면이 나오면 상금(x_i)이 1 뒷면이 나오는 경우 상금이 0이라고 한다. 이 동전을 10번 던진 결과 상금이 1이 6번, 0이 4번 나왔다. 동전을 던졌을 때 앞면이 나오는 확률은 모른다고 가정한다(즉 1/2이 아닐 수도 있다).

풀이

a. 상금의 표본평균을 구하라.

6/10＝0.6

b. 상금의 표준편차의 일치 추정량을 구하라.

$$\sqrt{\sum_{i=1}^{n}(x_i - \overline{x_{10}})^2/9} = \sqrt{[\sum_{i=1}^{6}(1-0.6)^2 + \sum_{i=1}^{4}(0-0.6)^2]/9} = 0.5163$$

c. 상금의 기댓값의 95% 신뢰구간을 구하라.

$$\overline{x_n} - 1.96\hat{\sigma}/\sqrt{n} \le \mu \le \overline{x_n} + 1.96\hat{\sigma}/\sqrt{n}$$
$$= 0.6 - 1.96 \times 0.5163/\sqrt{10} \le \mu \le 0.6 + 1.96 \times 0.5163/\sqrt{10}$$

예제 2.7 주사위를 던졌을 때 나오는 수(1,2,...,6)가 상금이라고 한다. 주사위를 20 던졌을 때 다음이 나왔다고 한다. 각면이 나오는 확률은 모른다고 한다.

각면 번호	1	2	3	4	5	6
던져나온 횟수	4	3	2	1	5	5

상금의 표본평균, 표준편차의 일치 추정량 및 상금의 기댓값의 95% 신뢰구간을 구하라.

예제 2.6과 동일한 계산과정을 따른다. 예를 들어 표본 평균은 $(1 \times 4 + 2 \times 3 + 3 \times 2 + 4 \times 1 + 5 \times 5 + 6 \times 5)/20$ 이다.

한편 동일한 신뢰구간의 확률(예: 95%)에서 표본의 수 n이 클수록, 표준편차 $(\hat{\sigma})$가 작을수록, 표본평균 $\overline{x_n}$이 μ에 가까울수록 다음 구간의 크기가 작아지며 더 정확한 구간추정이 될 수 있다.

$$\overline{x_n} - 1.96\hat{\sigma}/\sqrt{n} \le \mu \le \overline{x_n} + 1.96\hat{\sigma}/\sqrt{n}$$

따라서 좀 더 정확한 구간 추정을 하려면 이런 조건이 만족되도록 μ와 σ의 추정량을 구하는 것이 중요한 과제가 된다.

그러면 확률밀도함수의 모수 θ에 대한 점추정량은 어떤 것이 요구될까? 점추정량 $\hat{\theta_n}$의 바람직한 (요망되는) 성질은 불편성과 일치성이 있다(최적성이 있는데 이는 최소분산을 가짐을 말한다. 이에 대해서는 회귀분석 추정량을 언급할 때 추가로 후술하기로 한다).

여기서 우리에게 모수는 모르는 값이다. 먼저 불편성(unbiasedness)은 추정량의 기댓값이 이 모수와 일치하는 경우 즉 $E(\widehat{\theta_n}) = \theta$를 만족시킬 때이다. 예를 들어 표본 $x_1, x_2, ..., x_n$가 독립 동일 분포를 하는 경우, 표본평균($\overline{x_n}$)은 모평균(μ)의 불편추정량이 된다. 다음 그림에서 추정량 $\widehat{\theta_3}$는 불편추정량이 아닌 확률밀도함수를 가지고 있다.

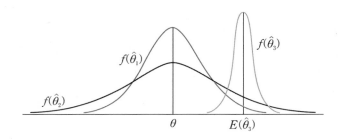

다음으로 일치성(consistency)은 표본수 n이 커짐에 따라 $\widehat{\theta_n}$의 극한값이 θ일 확률이 1에 접근할 때 즉 $\widehat{\theta_n} \rightarrow_p \theta$인 경우이다.

예제 2.8 표본 $x_1, x_2, ..., x_n$가 독립 동일 정규분포를 따르는 경우 표본평균은 일치성을 가지는가?

풀이 표본평균은 아래의 분포를 따른다.

$$\overline{x}_n \sim N(\mu, \sigma^2/n)$$

여기서 표본수 n이 커짐에 따라 분산이 0으로 접근하다. 이에 따라 표본평균의 확률밀도함수가 기댓값 μ근처에 집적되며, 따라서 어떤 주어진 $\epsilon > 0$에 대하여 n이 커짐에 따라 $|\overline{x}_n - \mu| \leq \epsilon$일 확률이 1로 접근한다. 이런 이유로 표본평균 $\overline{x}_n$은 μ의 일치 추정량이 된다.

예제 2.9 한편 어떤 확률변수는 불편성은 갖지 않으나 일치성을 가지는 경우가 있다. 어떤 경우가 있을까?

풀이 예를 들어 두 개 표본평균의 비 $\bar{x}_n/\bar{y}_n$를 생각하자. 여기서 $E\bar{x}_n = \mu_x$ 및 $E\bar{y}_n = \mu_y \neq 0$로 정의하면, 이는 μ_x/μ_y의 추정량이 된다. 만일[3]

$$E(\bar{x}_n/\bar{y}_n) \neq \mu_x/\mu_y$$

이면 $\bar{x}_n/\bar{y}_n$는 μ_x/μ_y의 불편 추정량이 아니다. 이를 설명하는 직관적인 예로 확률변수 y가 1/2의 확률로 1 또는 1/2의 확률로 -1이라 하자. 이 경우 $1/y$도 1/2의 확률로 1 또는 1/2의 확률로 -1이다. 이 경우 $E(y) = E(1/y) = 0$이지만, $1/E(y) = 1/0$는 무한대로 정의되지 않으며 $E(1/y) = 0 \neq 1/E(y)$이다.

한편 $\bar{x}_n/\bar{y}_n$는 $\bar{x}_n$와 $\bar{y}_n$의 연속함수이며 $\bar{x}_n \to_p \mu_x$ 및 $\bar{y}_n \to_p \mu_y$이다. 따라서 정리 1.1에 의해

$$\bar{x}_n/\bar{y}_n \to_p \mu_x/\mu_y$$

이며 이 비$\bar{x}_n/\bar{y}_n$는 μ_x/μ_y의 일치추정량이 된다.

회귀분석에서 모형의 OLS 추정계수는 이 비(ratio)와 같은 형태로 주어지며 따라서 불편성은 갖지 않더라도 일치추정량일 수 있다.[4] 아래 그림은 표본수 n이 증가함에 따라 추정량 $\hat{\theta}_n$의 확률밀도함수가 모수 θ 근처에 밀접함을 보여주고 있으며 이는 추정량의 일치성과 관련이 있다.

---

3) 이러한 비의 기댓값을 구하는 것은 매우 어렵다.
4) 꿩대신 닭인 셈이다.

50 계량경제학 강의

그림 2.1 n의 증가에 따른 일치성을 갖는 추정량의 확률밀도함수의 변화

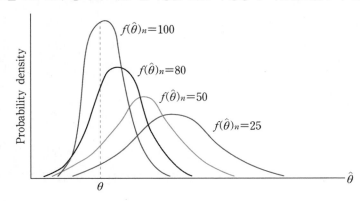

2 | 가설검정

　가설검정(hypothesis test)은 추정량을 이용하여 모수가 어떤 값을 갖는다는 가설을 검정(판단)하는 것으로 재판과 유사한 성격을 지닌다. 먼저 두 가지 가설: 귀무가설(null hypothesis) $H_0 : \theta = \theta_0$과 대립가설(alternative hypothesis) $H_1 : \theta \neq \theta_0{}^{5)}$을 생각하자.

　귀무가설은 재판으로 말하면 원고의 주장이며 반대로 대립가설은 피고의 주장이다. 예를 들어 피고는 "이 동전을 던져서 나오는 앞면이 나올 확률의 기댓값은 $\mu = .5$이다."(공정한 동전이다)라고 주장한다. 원고는 "이 동전을 던져서 나오는 앞면이 나올 확률의 기댓값은 $\mu \neq .5$이다."(공정하지 못한 동전이다)라고 항의한다. 원고가 법정에 고소하였을 경우 판사는 누구의 손을 들어줄 것인가? 이 과정이 검정(test)이다.

　먼저 생각이 가능한 검정 방법은 n번 던져서 앞면이 나오면 1을 부여하고 뒷면이 나오면 0을 부여하는 실험결과의 표본평균($\overline{x_n}$)과 귀무가설 .5의 차이(검정 통계량, $\overline{x_n} - .5$)를 비교하는 것이다. 만일 $\overline{x_n} - .5$가 큰값이 나오면 귀무가설(공정한 동전이라는 주장)을 기각하고, 반대의 경우 귀무가설을 기각하지 않는 것이다. 이러한 논리의 이론적 배경은 표본평균($\overline{x_n}$)이 .5의 일치 추정량이라는 점이다.

　물론 어느 쪽을 선택(귀무가설을 채택 또는 기각)하든 반대쪽이 맞는 두 가지 오류의 가능성이 있다. 이는 형사재판과 유사한데 무죄인 사람을 처벌할 가능성과 범인을 무죄 방면할 가능성이 모두 공존하는 것이다. 물론 형사 재판의 경우 CCTV나 유류품과 같은 현장 증거가 중요하지만 통계적 검정에서는 자료가 중요하다.

---

5) 이는 양측(two side)검정이라 불린다. 대립가설이 $H_1 : \theta > \theta_0$ 또는 $H_1 : \theta < \theta_0$의 형태를 가지면 단측(one side)검정이라 불린다.

로마시대의 동전

　이러한 판단에 따른 두 가지 오류를 좀 더 구체적으로 살펴보자. 첫째, 제1종 오류로 귀무가설이 참인데 귀무가설을 기각할 확률(유의 수준 significance level, size, α) 로 표기한다.[6] 위의 예에서 공정한 동전인데 아니라고 할 확률을 말한다. 귀무가설이 맞더라도 대립가설을 채택할 확률(가능성)이 있으며 이를 유의(해야 할) 수준이라고 하는 것이다.

　다음으로 제2종 오류로 대립가설이 참인데(귀무가설이 참이 아닌데) 귀무가설을 채택할 확률(β)이다. 위의 예에서 불공정한 동전인데 공정한 동전이라고 할 확률이다. 두 개의 귀무가설 중 어느 쪽을 선택하든 하나의 오류 발생은 불가피하다.

　다음으로 어떤 검정통계량의 검정력(power)은 대립가설이 참인데 잘못하여 귀무가설을 기각할 확률이며 $1 - \beta$로 주어진다. 왜냐하면 대립가설이 참인데 귀무가설을 채택(제2종 오류)할 확률이 β이기 때문이다. 참고로 대립가설이 참인데 귀무가설을 채택 또는 기각할 확률의 합은 1이다.

오류의 구분

	귀무가설이 참	대립가설이 참
귀무가설 기각	제1종 오류(확률: α)	(검정력 : $1 - \beta$)
귀무가설 채택		제2종 오류(확률: β)

---

6) 재판에서 무죄를 귀무가설로 할 때 인신에 영향을 미치는 형사재판의 유의수준(무죄를 유죄라고 할 오류 확률)이 민사재판보다 작을 수 있다.

검정 통계량이 여러 개 있다면 최선의 검정 방법은 주어진 유의 수준(α)에서 검정력($1-\beta$)을 극대화하는 검정법이 우수한 것이다.

그런데 앞서 제시한 예에서 $\overline{x_n}-.5$를 검정통계량으로 쓰는 경우 이 통계량의 확률밀도함수를 구하여 유의수준을 알기 어렵다. 따라서 이런 문제를 해결하기 위해 $\overline{x_n}-.5$의 표준화된 검정통계량 $z_n = \dfrac{\overline{x_n}-.5}{\sigma/\sqrt{n}}$을 사용하게 된다. 만일 $\overline{x_n}$이 정규분포를 한다는 가정이 맞다면 이 통계량은 정규분포의 성질에 의해 표준 정규분포 N(0,1)를 따른다.

그러나 대립가설이 맞다면 z_n은 표준정규분포를 기댓값이 0이 아닌 값으로 이동시킨 형태를 띠게 된다. 예를 들어 $\mu=0.6$인 경우 다음과 같이 쓸 수 있다.

$$z_n = \frac{\overline{x_n}-0.6}{\sigma/\sqrt{n}}+\frac{0.1}{\sigma/\sqrt{n}}$$

따라서 z_n은 오른쪽항의 앞부분이 표준 정규분포 N(0,1)를 따르고 뒷부분은 상수이므로 $\mu=0.6$인 대립가설하에서 z_n은 주어진 n에서 다음의 분포를 따르게 된다.

$$z_n \sim N(\frac{0.1}{\sigma/\sqrt{n}},1)$$

즉 표준정규분포의 중심이 0에서 오른 쪽으로 이동(shift)한 형태가 되는 것이며 이를 통해 검정의 기각력이 생긴다.

귀무가설이 참인 경우 검정통계량이 값을 갖는 영역 중 귀무가설을 채택하는 구간을 채택역(acceptance region), 기각하게 되는 구간을 기각역(rejection region)이라 한다. 그리고 주어진 유의확률에 상응하여 채택역과 기각역을 구분하는 검정통계량의 값을 기각값(critical value)이라고 한다.

예를 들어 검정통계량이 z_n이며 양측검정의 경우 채택역은 유의 수준 5%에서 $(-1.96, 1.96)$, 유의 수준 10%에서 $(-1.65, 1.65)$로 한다. 여기서 기각값은 -1.96 또는 1.96을 지칭한다. 즉 z_n이 채택역 $(-1.96, 1.96)$ 이내이면 귀무가설을 기각하지 않으며 이를 벗어나면 귀무가설을 기각한다. 여기서 채택역을 확장할수록 (유의수준은 낮아지며) 제1종 오류의 확률도 감소한다. 대신 기각역 축소와 제2종 오류의 확률도 증가한다.

역으로 채택역을 축소할수록 (유의수준은 높아지며) 제1종 오류의 확률도 증가한다. 대신 기각역 확장과 제2종 오류의 확률도 감소한다.[7] 한편 표본수 n이 ∞로 커짐에 따라 기각력이 1에 근접하는 경우 일치성 검정(consistent test)이라 한다. 앞에서 제시한 z_n검정은 일치성 검정의 예이다.

그림 2.2 양측검정의 p-값

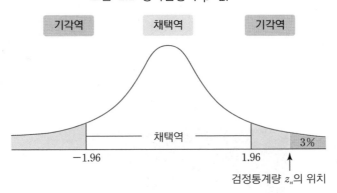

p-값은 검정통계량(z_n)의 추정결과 나온 z_n의 특정값이 기각값으로 사용되었을 경우의 유의수준이다. 따라서 p-값이 작으면 작을수록 '귀무가설이 옳다면' 발생하기 어려운 희귀한 일, 검정통계량의 특정값이 실현된 것이다.[8] 예를 들어 5% 유의수준에서 검정통계량의 p-값이 3%로 계산되었다면 귀무가설이 기각된다. 이에 따라 p-값은 귀무가설의 "채택" 또는 "기각"보다 검정결과에 대한 더 자세한 정보를 제공한다고 볼 수 있으며 또 다른 검정통계량이라고 할 수 있다. 가령 p-값이 0.00001%로 계산되었다면 3%인 경우보다 강한 귀무가설의 기각을 나타낸다. EVIEWS 등 보통의 통계 패키지들은 p-값을 기본적으로 제공한다.

마지막으로 가설 검정의 순서는 다음과 같이 정리된다.

---

7) 기각역과 채택역 사이에 상충관계에 있으며 영토싸움이 존재하는 것이다.
8) 귀무가설이 옳다면 우째 이런 일이!

1. 귀무가설과 대립가설을 정한다.

   예: $H_0 : \mu = .5$ vs. $H_1 : \mu \neq .5$

2. 검정통계량을 구한다.

   예: $z_n = \dfrac{\overline{x_n} - .5}{\hat{\sigma}/\sqrt{n-1}}$

3. 귀무가설이 참인 경우의 확률분포를 이용하여 기각역 또는 채택역을 확정
   한다(또는 유의수준을 정한다.)

   예: 5% 유의수준의 경우 채택역은 $(-1.96,\ 1.96)$

4. 검정통계량이 채택역 안에 있으면 귀무가설을 기각하지 않으며, 기각역
   안에 있으면 귀무가설을 기각한다.

Frost: 가지 않은 길(*The Road not Taken*)

예제 2.10 확률변수 x는 $[a, a+1]$인 구간에서 모두 동일한 값을 갖는 연속인 균일분포(uniform distribution)을 갖는다고 하자. 검정통계량이 x이고 귀무가설이 $a=0$ vs. 대립가설이 $a=0.5$라고 할 때 다음 문제에 답하여라.

1) 5% 유의수준의 기각값과 기각역 및 기각력을 구하라.
2) x=0.7일 때 p-값을 구하여라.

풀이

1) 귀무가설이 참($a=0$)인 경우 $[0, 1]$의 값 x의 확률밀도함수는 다음과 같다.

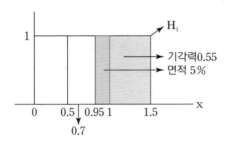

유의수준 5% 기각값은 0.95, 기각역은 $(0.95, 1.5)$이다. 한편 기각력은 대립가설이 참($a=0.5$)일 때 x의 확률밀도함수가 오른쪽으로 0.5만큼 이동하므로 x가 기각역 $(0.95, 1.5)$에 있을 확률이므로 $0.05+0.5=0.55$이다.

2) p값: $(1-0.7) \times 1 = 0.3$

예제 2.11 확률변수 x는 $[a, a+1]$인 구간에서 연속인 확률밀도함수 $f(x)=b(x-a)$ (여타 구간에서는 확률밀도함수는 0)를 갖는다고 하자. 검정통계량이 x이고 귀무가설이 $a=0$, 대립가설이 $a=0.5$라고 할 때 다음 문제에 답하여라.

1) 19% 유의수준의 기각값과 기각역 및 기각력을 구하라.

2) x=0.7일 때 p값을 구하여라.

풀이

1) 귀무가설 a＝0이 참인 경우, x는 [0, 1]인 구간에 있으며 x의 확률밀도함수 $f(x)=bx$는 다음과 같다.

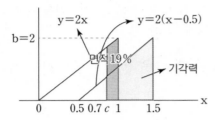

여기서 밑변과 높이의 크기가 1과 b인 삼각형의 면적은 확률의 정의에 의해 1이므로 다음 식에서 b값이 2로 주어진다.

$$\frac{1}{2}(1 \times b) = 1$$

따라서 x의 확률밀도함수는 $f(x)=2x$로 주어진다. 다음으로 채택역이 [0, c]인 경우 19%에 해당하는 기각값 c의 값은 다음 식에서 0.9로 주어진다.

$$1 - \frac{1}{2}(c \times 2c) = 0.19$$

따라서 기각역은 $[0.9, 1.5]$로 주어진다. 마지막으로 기각력은 대립가설이 a＝0.5가 참일 때 귀무가설을 기각할 확률이므로, 확률밀도함수는 $f(x)=2(x-0.5)$인 경우 $x \in [0.9, 1.5]$일 확률을 구하면 된다. 기각력은 굵은선 도형의 면적으로 c의 값이 0.9이므로 다음으로 주어진다.

$$1 - \frac{1}{2}[(0.9 - 0.5) \times 2(0.9 - 0.5)] = 0.84$$

2) p값은 x＝0.7일 때의 유의수준이므로 다음으로 주어진다.

$$1 - \frac{1}{2} \times 0.7 \times 2 \times 0.7 = 0.51$$

01 확률변수 x는 $[a, \quad a+1]$인 구간에서 연속인 확률밀도함수 $f(x) = b(2x - a)$ (여타 구간에서는 확률밀도함수는 0)를 갖는다고 하자. 검정통계량이 x이고 귀무가설이 $a = 0$, 대립가설이 $a = 0.5$라고 할 때 다음 문제에 답하여라.

1) 19% 유의수준의 기각값과 기각역 및 기각력을 구하라.

2) $x = 0.7$일 때 p값을 구하여라.

제 3 장

회귀분석
(Regression Analysis)

계량
경제학
강의

"지혜는 영원한 빛의 광채이고 하느님께서 하시는 활동의 티없는 거울이며 하느님 선하심의 모상이다."

〈지혜서: 7절 26〉

본장에서는 회귀분석 모형의 최적추정과 추정량의 성질 소개 및 기본 개념 확장과 함께 다양한 응용에 대해 학습한다.

1 │ 기본 개념

흡연과 폐암과의 상관관계, 탄소배출량과 지구온난화와의 관계, 코로나 신약의 치료효과, 물가수준과 환율의 관계, 통화량과 물가의 관계 등을 생각하자. 변수가 두 개인 경우 상관계수 등을 이용하여 연관관계에 대한 분석이 가능하다. 그러나 이런 접근은 설명변수가 다수인 경우 적용할 수 없다. 예를 들어 통화량과 물가의 관계에서 단기적으로 수입물가를 반영한 환율이 추가된다면 상관계수 등을 이용한 분석은 한계가 있다.

또 다른 예를 들어 수면 시간이 길면 사람의 수명이 짧아진다는 의학 연구결과가 있다고 한다. 그러나 이 결과는 환자의 건강상태를 추가로 고려하지 않는 경우 의미가 없다. 중증인 환자의 경우 수면시간이 길어질 수밖에 없고 잔여 수명도 짧을 것이 예상되기 때문이다. 따라서 수면 시간이 수명에 대해 미치는 효과를 추정하기 위해서는 환자의 건강 상태라는 요인을 추가로 고려하여야 한다. 회귀분석은 이런 다변수 간 상관관계의 분석 목적에 유용하다.

또 다른 예로 증권회사에 취직하여 투자자문을 맡고 있는 여러분은 "주가가 올랐다고 하는데 지금이 부동산을 구입할 적기인가?"라고 묻는 고객의 질문에 어떻게 대답할 것인가? 증권회사와 공인 부동산 중개소에 물어본 결과 서로 다른 두 가지 답변을 들었다고 가정하자.

가설 1) 주식과 부동산은 대체재이므로 주가가 오르면 부동산 가격은 떨어진다. (이는 증권회사 직원의 입장을 대변한다.)

가설 2) 주가가 오르면 투자자의 소득이 올라가므로 부동산에 대한 투자도 늘 것이고 따라서 부동산 가격도 오를 것이다. (이는 부동산 중개업자의 입장을 대변한다.)

어느 쪽 답변이 맞는지 어떻게 검증할 것인가? 첫 번째 해결방법은 작년 주가가 올랐을 때 부동산 가격이 올랐는지를 1회 관측(주가와 부동산 가격 자료는 (x_1, y_1)로 주어짐)하고 결론을 내는 것이다. 이 방법의 단점은 작년만의 특수한 상황에서 발생한 결과일 수 있으므로 신뢰할 수 없다는 것이다.

두 번째 해결방법은 작년부터 과거 10년간의 자료를 모두 조사(주가와 부동산 가격 자료는 $(x_1, y_1), \ldots, (x_{10}, y_{10})$)하고 결론을 내는 것이다. 단점은 해마다 결과가 바뀌는데 도대체 결론을 낼 수가 없다는 점이다.

세 번째 해결방법은 작년부터 과거 10년간의 자료를 모두 조사하고 각각의 평균을 내보는 것이다. 단점은 가장 그럴 듯하지만 주가가 1% 올랐을 때 부동산 가격은 몇%나 변동하는지 명시적으로 알 수 없다.

다음 절에서는 이러한 질문에 대한 해결책으로서 회귀분석(Regression Analysis)을 소개하고자 한다.

2 | 회귀분석의 내용

위 절의 가설 1)과 2)의 선택에 대한 마지막 해결방법과 관련하여 다음의 몇 가지 보완적인 질문을 할 수 있다. 우선 부동산 가격 변동(y)은 주가 변동(x)에 의해서만 결정되는 게 아니며 투자심리 등 여타요인(u)도 작용한다. 이 경우 부동산 가격 변동을 모형화하기 위하여 식을 다음과 같이

(3.1) $y_i = \beta x_i + u_i$

로 써야 맞는 것 아닌가 하는 질문이 있을 수 있다. 답변은 '그렇다'이며 고려하지 못한 요인 u를 기댓값이 0인 관측불가능한 오차항이라고 한다. 다음 고려사항은 모형 (3.1)의 모수 β는 어떻게 추정하는가이다. 즉 자료 $(x_1, y_1), \ldots, (x_{10}, y_{10})$로부터 추정이 가능한가? 추정한다면 어떻게 추정하는 것이 최적(best)인가? 등이다.

한편 모형 (3.1)의 x_i가 확률변수가 아닌 경우 y_i의 x_i 조건부 기댓값은 아래 식과 같이 쓸 수 있다.

(3.2) $E(y_i|x_i) = \beta x_i + E(u_i|x_i) = \beta x_i$

여기서 $E(u_i|x_i) = 0$으로 가정한다. 이는 주가변동과 부동산 가격 변동 간에 평균적으로 성립하는 관계로 볼 수 있다. 또 식 (3.2)은 x_i가 주어지면 y_i는 평균적으로 βx_i로 예측됨을 나타낸다. 나아가 x_i가 1단위 증가할 때 y_i는 β만큼 증가하게 됨을 나타낸다.

한편, 식 (3.1)을 다시 쓰면 $y_i - \beta x_i = u_i$가 예측 오차가 되는데, β의 추정은 이러한 예측 오차를 가급적 줄이는 것이 좋을 것이다. 이러한 방향으로 기울기

β를 추정하는 한 가지 방법은 예측오차제곱합 $\sum_{i=1}^{n} u_i^2$을 최소화(표본 $i=1,...,n$)하도록 추정하는 것이다.

이러한 접근은 다음 예제를 통해 그 핵심내용을 이해할 수 있다.

예제 3.1

시청에서 각 가정에서 하천으로 연결되는 하수관을 건설하는 경우를 가정하자. 즉, 오폐수를 운반할 수 있는 원점에서 출발하여 β의 기울기를 갖는 직선 하천을 굴착하고자 한다. 아래 그림의 $(x-y)$ 평면을 참조하라.

여기서 건설비용을 최소화하려면 직선 하천은 어느 방향으로 건설하여야 하나 (또는 2차원 평면에서 $(x, \beta x)$의 좌표로 하천의 궤적을 표시할 때 굴착각도를 나타내는 β 값을 어떻게 정해야 하나) 하는 문제가 제기된다. 아래 그림은 이런 상황을 나타내며 각 주택 i의 위치는 점 (x_i, y_i)로 표시한다고 가정하자.

예산제약으로 경비를 줄이기 위해 각 주택으로 연결되는 지선 하수관(y축 방향으로 수직인 화살표로 표시)의 길이의 제곱합을 최소화하고자 한다. 이런 방식으로 β 값을 정하는 것을 최소자승추정법 (Ordinary Least Square, OLS estimation)이라고 한다.[1]

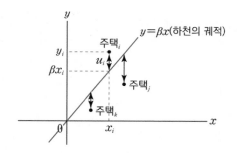

---

1) 일반적으로 최소자승법은 가우스에 의해 1794년 발견되었다고 알려져 있다. 가우스가 24살이던 1801년 소행성 ceres의 궤도를 추정하기 위해 이를 사용하였다고 한다. 만일 소행성의 위치를 오차없이 연속적으로 관측할 수 없다면 OLS 추정은 좋은 대안이 될 수 있을 것이다.

좀 더 엄밀하게 OLS 추정은 수학적으로 다음의 문제를 풀어 β를 구하는 것이다.

$$(3.3) \quad \min_\beta \sum_{i=1}^{n} u_i^2 \equiv \min_\beta \sum_{i=1}^{n} (y_i - \beta x_i)^2$$

위에서 오차항의 제곱을 취하는 이유는 오차항의 음수값과 양수값이 합산하는 과정에서 서로 상쇄되는 것을 막고 총 오차의 절대적 길이를 보존하기 위해서이다. 그런데 식 (3.3)의 목적함수 $f(\beta) = \sum_{i=1}^{n} (y_i - \beta x_i)^2$는 자료 $(x_1, y_1), \ldots, (x_n, y_n)$이 상수로 주어졌을 때 변수 β에 대한 2차식이다. 이를 풀어 쓰면 다음과 같이 주어진다.

$$(3.4) \quad \begin{aligned} f(\beta) &= \sum_{i=1}^{n} (y_i - \beta x_i)^2 = \sum_{i=1}^{n} y_i{}^2 + \beta^2 \sum_{i=1}^{n} x_i^2 - 2\beta \sum_{i=1}^{n} y_i x_i \\ &= a + b\beta^2 - 2\beta c \\ &= b(\beta - c/b)^2 + a - c^2/b \end{aligned}$$

여기서 $a \equiv \sum_{i=1}^{n} y_i{}^2, b \equiv \sum_{i=1}^{n} x_i^2, c \equiv \sum_{i=1}^{n} x_i y_i$로 각각 정의된다. 식 (3.4)를 β에 대해 최소화하는 값은 아래와 같이 주어진다.

$$\hat{\beta} = c/b = \sum_{i=1}^{n} x_i y_i / \sum_{i=1}^{n} x_i^2$$

그림 3.1 β에 대한 최소화의 해

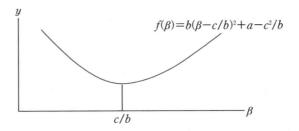

이와 같이 구한 해를 β의 최소자승 추정량(ordinary least square estimator: OLS)라고 한다.

예제 3.2 | 식 (3.1)에서 모든 i에 대해 $x_i = 1$인 다음의 경우를 생각하자.

$$y_i = \beta + u_i$$

β의 OLS 추정량을 구하라.

풀이

이 경우 $\sum_{i=1}^{n} y_i x_i = \sum_{i=1}^{n} y_i$; $\sum_{i=1}^{n} x_i^2 = n$ 이며 따라서 $\hat{\beta} = \sum_{i=1}^{n} y_i / n = \bar{y}_n$ 이다. 즉 y_i 표본 평균이 이 경우 β의 OLS 추정량이다. 이런 의미에서 표본평균은 β의 추정에서 최적성(오차제곱합을 최소화 한다는 의미)을 갖는다.

OLS 이외에 다른 방법으로 β를 추정하는 회귀분석을 수행하는 것도 가능한데 예를 들어 아래와 같이 모형 (3.1)의 예측오차의 절대값을 최소화하도록 하는 것도 가능하다.

(3.5) $\min_\beta \sum_{i=1}^{n} |u_i| = \min_\beta \sum_{i=1}^{n} |y_i - \beta x_i|$

그러나 이 경우 목적함수가 β에 대하여 미분가능하지 않으므로 계산이 어려운 단점이 있다.

3 | 다중회귀분석 (Multiple Regression)

한편 상수항이나 설명변수를 추가하는 경우도 유사하게 OLS로 추정량을 구할 수 있다. 식 (3.1)에 다음과 같이 상수항이 추가된 경우를 고려하자.

$$(3.6) \quad y_i = \alpha + \beta x_i + u_i$$

이전과 같이 관측된 표본의 순서쌍이 $(x_i, y_i); i = 1, 2, \ldots, n$ 으로 주어져 있다고 가정한다. 그러면 다음의 예측 오차 제곱합을 최소화하는 모수 α와 β를 OLS 추정량으로 정의한다.

$$(3.7) \quad \min_{\alpha, \beta} \sum_{i=1}^{n} u_i^2 = \min_{\alpha, \beta} \sum_{i=1}^{n} (y_i - \alpha - \beta x_i)^2.$$

이어서 문제 (3.7)의 최소화 1계조건을 풀면 OLS 추정량은 다음과 같이 주어짐을 보일 수 있다.

$$(3.8) \quad \hat{\beta} = \frac{\sum_{i=1}^{n} (x_i - \overline{x})(y_i - \overline{y})}{\sum_{i=1}^{n} (x_i - \overline{x})^2} = \frac{n^{-1} \sum_{i=1}^{n} x_i y_i - \overline{x}\,\overline{y}}{n^{-1} \sum_{i=1}^{n} x_i^2 - \overline{x}^2},$$

$$(3.9) \quad \hat{\alpha} = \overline{y} - \overline{x}\,\hat{\beta}$$

여기서 $\overline{x} = \sum_{i=1}^{n} x_i / n$ 및 $\overline{y} = \sum_{i=1}^{n} y_i / n$ 로 정의된다.

한편 위의 식 (3.8)과 (3.9)의 OLS 추정량은 상수항 1과 설명변수 x가 확률변수가 아니어서 오차항 u와 독립이며 따라서 이들의 곱의 기댓값이 0이라는 다음의 두개의 직교 조건(orthogonality condition)으로부터도 다음과 같이 구할 수도 있다.

$$(3.10) \quad E(1 \times u_i) = E(y_i - \alpha - \beta x_i) = 0,$$

$$(3.11) \quad E(x_i u_i) = E[x_i(y_i - \alpha - \beta x_i)] = 0$$

즉 식 (3.10)와 (3.11)은 정리하여 다시 쓰면 다음의 식 2개와 미지수 2개로 구성된 연립방정식이 된다.

$$(3.10) \quad E(y_i) = \alpha + \beta E(x_i),$$

$$(3.11) \quad E(x_i y_i) = \alpha E(x_i) + \beta E(x_i^2)$$

이를 풀면 다음의 해가 나오며 각 기댓값을 표본평균으로 대체하면 (3.8), (3.9)와 동일한 추정량을 얻을 수 있다.

$$(3.12) \quad \widehat{\beta^*} = \frac{E(x_i y_i) - Ex_i Ey_i}{E(x_i^2) - (Ex_i)^2},$$

$$(3.13) \quad \widehat{\alpha^*} = Ey_i - \widehat{\beta^*} Ex_i$$

다음과 같이 모형의 k개의 설명변수(x_1, x_2, ... ,x_k)가 많아지더라도 계수 추정은 위에 제시된 절차와 유사한 방법으로 수행된다.

$$y_i = \beta_1 x_{1i} + \beta_2 x_{2i} + \cdots + \beta_k x_{ki} + u_i$$

이는 다중회귀분석(multiple regression)이라 불린다. 이의 추정은 컴퓨터를 이용한 EXCEL이나 EVIEWS 등을 통해 쉽게 대행할 수 있다.

이러한 회귀분석 결과는 다음과 같이 예측과 한계분석에 이용될 수 있다. 예를 들어 OLS 추정을 통하여 $y = \hat{\alpha} + \hat{\beta}x$와 같은 추정 모형을 얻었다고 하자.

(1) 예측

추정모형을 이용하여 x가 특정한 값을 가질 때 상응하는 y의 값을 예측할 수 있다.[2] 이 경우 $x = x_0$이면 y는 $\hat{\alpha} + \hat{\beta}x_0$의 값을 갖게 된다. 가령 x를 소득, y를 소비로 가정하자. 만일 $\hat{\alpha} = 10$억 원, $\hat{\beta} = 0.7$이라면 소득이 20억원인 경우 소비는 10억 원 + 0.7 × 20억 원 = 24억원으로 예측된다. 소득이 10억원이면 소비는 얼마인가? 계산해 보자.

(2) 한계분석

$y = \hat{\alpha} + \hat{\beta}x$와 같은 추정 모형에서 추정계수 $\hat{\beta}$은 x가 한 단위 변화할 때 y가 변화하는 정도를 나타낸다. 즉 Δ가 증분을 나타낼 때 $\Delta y/\Delta x = \hat{\beta}$의 관계에 있다. 예를 들어 x를 소득, y를 소비로 가정하면 소득 1단위 증가에 상응하는 소비증가정도(한계소비성향)를 나타낸다. 만일 x를 로그변환 소득, y를 로그변환 소비로 가정하면 $\hat{\beta}$은 로그미분의 성질에 의해 소비의 소득 탄력성을 나타낸다. 즉

$$\Delta \log(y)/\Delta \log(x) = \frac{\Delta y/y}{\Delta x/x} = \hat{\beta}$$

이다.

한편, 많은 경제변수들은 로그를 취해 분석하게 되는데 이는 환율, 주가 등 양의 값을 가지면서 비대칭인 경제변수가 로그를 취한 후 음의 값도 동시에 갖게 되어 대칭인 정규분포를 따르는 경우가 많기 때문이다. 다만 이자율은 예외이다.

---

2) 예측이 반드시 시간적인 미래에 대한 것에 국한하는 것은 아니다. 시간적인 미래에 대한 예측은 추후 시계열 분석에서 다룬다.

그러면 여러 다른 방법들 중 왜 우리가 OLS 추정량을 써야 하는가?[3] 이에 대한 대답은 모형 (3.1)의 모수에 대한 OLS 추정량이 선형 불편 추정량 중 가장 적은 분산을 가진다는 다음 정리로 요약된다.

(1) **Gauss-Markov 정리**: OLS 추정량은 몇 가지 기본 가정하에서 β의 최우 선형 불편 추정량(Best Linear Unbiased Estimator 또는 BLUE)이다.

Gauss−Markov 정리가 성립하기 위한 가정들을 살펴보자. 이를 정확히 이해하는 것은 우리가 언제, 어떻게 OLS 추정량을 쓸 수 있는지를 알기 위해서도 중요하다.

첫째, 먼저 모형이 다음과 같이 선형(linear)이다.

$$y_i = \beta x_i + u_i$$

여기서 모형이 선형(Linear)이라는 의미는 오차항 요인을 제외하고 설명변수 x_i가 증가할 때 종속변수 y_i가 증가하는 정도가 x_i의 크기에 관계없이 상수로 일정하다는 것이다. 이는 미분계수가 $\Delta y_i / \Delta x_i = \beta$로 상수임을 나타낸다.

---

3) 예제 3.5와 3.6에는 OLS 추정과 다른 방법들이 제시되어 있다.

그림 3.2 선형 모형의 예

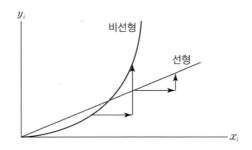

비선형 관계의 예로는 $y_i = \exp(\beta x_i) + u_i$ 과 같은 경우이다. 비선형 관계인 경우 어떤 때는 선형회귀 모형의 함수 형태로 전환할 수 있다. 예를 들어 다음 과 같은 지수회귀모형의 경우이다.

(3.14) $\quad y_i = \beta_1 x_i^{\beta_2} e^{u_i}$

여기서 식 (3.14)의 양변에 로그를 취하여 로그변형하면

(3.15) $\quad \ln y_i = \ln \beta_1 + \beta_2 \ln x_i + u_i$

와 같이 선형모형으로 전환된다. 한편 (3.15)의 계수 β_2는 변수 x에 대한 변수 y의 탄력성(elasticity), 즉 x의 변화율에 대한 y의 변화율을 나타낸다. 즉

(3.16) $\quad \beta_2 = \Delta \ln y_i / \Delta \ln x_i = \dfrac{dy_i / y_i}{dx_i / x_i}$

이다.

둘째, 설명변수 $x \equiv (x_1, x_2, \dots, x_n)$는 고정된 값(비확률변수)이거나, 반대로 확률변수이면 오차항과 독립 또는 $cov(x_i, u_i) = 0$으로 외생적이어야 한다.

만일 이 가정에 위배하여 설명변수가 오차항과 독립이 아닌 경우 어떤 문제 가 발생하는지 확인하여 보자. 만일 설명변수가 오차항과의 공분산이 0이 아닌 경우, 즉 $cov(x_i, u_i) \neq 0$인 경우를 가정하자. 좀 더 구체적으로

$$u_i = \theta x_i + v_i$$

라고 하자(다만 $cov(x_i, v_i) = 0$로 가정한다). 이러한 x_i와 상관관계가 있는 요소가 누락되어 u_i에 포함된 것은 y_i를 설명하는 변수가 누락되었다고 볼 수도 있다.

이를 반영한 정확한 회귀분석 모형은 식 (3.1)이 아니라 $y_i = (\theta + \beta)x_i + v_i$일 것이다. 이 경우 OLS 추정량은 다음과 같이 주어진다.

$$(3.17) \quad \hat{\beta} = \sum_{i=1}^{n} y_i x_i / \sum_{i=1}^{n} x_i^2$$
$$= \theta + \beta + \sum_{i=1}^{n} x_i v_i / \sum_{i=1}^{n} x_i^2$$

이에 따라 $E\hat{\beta} = \theta + \beta \neq \beta$ 이며 OLS 추정량은 불편 추정량이 아니다. 다시 말해 OLS 추정량은 평균적으로 설정한 모형에서 추정하고자 하는 계수가 아닌 엉뚱한 값을 제시(이를 변수누락(omitted variable) 편기라고 부른다)[4]하게 된다. 이 가정은 위배되기가 쉬운데 일반적으로 경제변수들이 서로 상관관계를 대부분 갖기 때문이다.[5]

셋째, x_i값은 고정이면 $E(u_i) = 0$, 확률 변수인 경우 x_i값이 주어졌을 때 오차항의 조건부 기댓값은 0, 곧 $E(u_i|x_i) = 0$이다. 만일 이 조건이 충족되지 않으면 모형에 상수항을 추가하면 된다.

그림 3.3 u_i 의 분포: 이분산성의 예

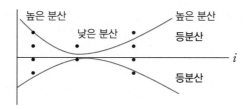

---

4) 닭은 달걀을 낳고 달걀은 부화하여 닭이 된다. 무엇이 먼저인가?

5) 그러나 누락된 변수가 기존의 설명변수 x_i와 상관관계가 없으면 이러한 편기(bias)는 발생하지 않는다. 이러한 편기의 존재여부는 Wu−Hausman 검정을 통해 확인할 수 있다.

넷째, 오차항 u_i의 분산은 관측시점 i에 관계없이 동일, 곧 $var(u_i) = \sigma^2$이다. 이는 등분산성(Homoskedasticity) 조건이라 부르며, 이를 만족하지 않으면 이분산성(Heteroskedasticity)을 갖는다고 한다. 예를 들어 1절에서 i가 시간을 나타낼 때 투자자의 심리적 요인을 나타내는 오차항 u_i가 특정 금융위기 기간 동안에는 불안을 반영하여 커질 수 있다.[6]

다섯째, 오차항 u_i간에 자기 상관관계(auto-correlation)가 존재하지 않는다. 즉 $cov(u_i, u_j) = 0, i \neq j$이다. 반대로 다음의 AR(1)인 자기회귀(Auto-Regressive) 모형을 따를 때

$$u_i = \rho u_{i-1} + \epsilon_i$$

$\rho \neq 0$인 경우는 u_i는 자기상관 관계를 갖는다고 말한다. 예를 들어 3.1절의 예에서 투자심리는 일정기간 서로 영향을 미치며 지속될 수 있다.[7]

여섯째, 관측치 숫자가 추정하려는 모수의 숫자보다 많아야 한다. 아닌 경우 OLS 추정 자체가 불가능하다. 왜 그런가? 간단한 예로 자료가 하나 있고 모수는 2개 있는 다음의 적률조건을 통한 OLS 추정을 생각하자.

$$y_1 = Ey_1 = \alpha + \beta x_1$$

이 경우 식은 하나인데 미지의 모수는 2개이므로 추정이 불가능해진다.

(2) OLS 추정량의 확률분포

Gauss-Markov 정리를 유도하기 위해 위에서 제시된 가정들하에서 OLS 추정량의 확률분포를 먼저 구한다. 첫째 (3.17)과 유사한 OLS 추정량의 분해로부터 기댓값을 구하면 x_i가 확률변수가 아닌 경우 다음 결과가 얻어진다.

---

6) 여기서 오차항에 대한 가정을 주로 하는 것은 관측이 불가능하기 때문이다.
7) 이런 모형을 시계열 모형이라 하는데 과거가 현재를 설명하는 형태이다. 시계열 모형에 대해서는 후술하기로 한다.

(3.18) $E(\widehat{\beta}) = E(\beta + \sum_{i=1}^{n} x_i u_i / \sum_{i=1}^{n} x_i^2)$

$= \beta + \sum_{i=1}^{n} x_i E(u_i) / \sum_{i=1}^{n} x_i^2 = \beta \, (\because E(u_i) = 0 \text{이므로 성립})$

따라서 OLS 추정량은 불편성을 가진다. 다음으로 (3.18)과 같은 OLS 추정량의 분해로부터 OLS 추정량의 분산은 다음과 같이 구한다.

(3.19) $\sigma_{\widehat{\beta}}^2 \equiv Var(\widehat{\beta}) \equiv E(\hat{\beta} - \beta)^2$

$= E[\sum_{i=1}^{n} x_i u_i / \sum_{i=1}^{n} x_i^2]^2 \, (\because \text{식 (3.18)로부터 유도})$

$= E[\sum_{i=1}^{n} x_i u_i]^2 / [\sum_{i=1}^{n} x_i^2]^2$

$= E[\sum_{i=1}^{n} x_i^2 u_i^2] / [\sum_{i=1}^{n} x_i^2]^2 + E[\sum_{i,j=1, i \neq j}^{n} x_i x_j u_i u_j] / [\sum_{i=1}^{n} x_i^2]^2$

$= \sum_{i=1}^{n} x_i^2 E(u_i^2) / [\sum_{i=1}^{n} x_i^2]^2 + \sum_{i,j=1, i \neq j}^{n} x_i x_j E(u_i u_j) / [\sum_{i=1}^{n} x_i^2]^2$

$= \sigma^2 \sum_{i=1}^{n} x_i^2 / [\sum_{i=1}^{n} x_i^2]^2 + \sum_{i,j=1, i \neq j}^{n} x_i x_j E(u_i) E(u_j) / [\sum_{i=1}^{n} x_i^2]^2$

$= \sigma^2 / \sum_{i=1}^{n} x_i^2 \, (\because u_i \text{와} \, u_j \text{는 서로 독립이며 } E(u_i) = 0 \text{므로 성립})$

예제 3.3 | 만일 $x_i = 1$ 인 경우 $\sigma_{\widehat{\beta}}^2$은 어떻게 주어지는가?

풀이 | $Var(\widehat{\beta}) = \sigma^2 / n$이 된다.

한편, OLS 추정량의 분산은 $E(x_i) = 0$이라면 다음과 같은 근사가 가능하다.

(3.20) $Var(\acute{\beta}) \equiv \dfrac{\sigma^2}{\sum_{i=1}^{n} x_i^2} = \dfrac{\sigma^2}{n(\sum_{i=1}^{n} x_i^2 / n)} \simeq \dfrac{\sigma^2}{n \times Var(x_i)}.$

따라서 x_i의 분산 $Var(x_i)$가 유한하면, 표본수 n이 커지면 다음이 성립하며

(3.21) $\lim_{n \to \infty} Var(\hat{\beta}) = 0$

여기서 위 식 (3.21)은 OLS 추정량 $\hat{\beta}$은 β의 일치 추정량임을 의미한다. 한편 설명변수의 분산 $Var(x_i)$이 커지면 $Var(\hat{\beta})$ 은 작아진다. 그러나 역으로 만일 $Var(x_i)$가 매우 작아진다면 $\hat{\beta}$의 분산은 매우 커지게 된다. 이는 β의 식별 또는 후술하는 다중공선성 문제와도 연결되어 있다.

이어서 오차항 u_i가 정규분포를 한다는 가정을 추가하면 정규분포변수의 합은 정규분포를 하므로 OLS 추정량은 표본수 n이 유한하더라도(중심극한정리에 의존하지 않고) 다음의 정규분포를 한다.

(3.22) $\hat{\beta} \sim N(\beta, \sigma_{\hat{\beta}}^2)$

결과 (3.22)에 따라 표준화된 변수 $Z = (\hat{\beta} - \beta)/\sigma_{\hat{\beta}}$ 은 N(0,1) 또는 표준 정규분포를 하며 이를 통하여 가설검정을 수행할 수 있다.

만일 오차항 u_i의 분산 σ^2을 모르는 경우에는 이를 다음과 같은 순서로 추정하여 가설 검정에 이용할 수 있다.

첫째, u_i의 추정량을 $\widehat{u_i} = y_i - \hat{\beta}x_i$로 구한다.

둘째, σ^2의 추정량은 k가 상수항을 포함한 설명변수의 수(지금까지는 1)일 때

$$\widehat{\sigma_\beta} = (n-k)^{-1} \sum_{i=1}^{n} \widehat{u_i^2}$$

와 같이 구한다.

셋째, t 검정통계량 $t = (\hat{\beta} - \beta)/\widehat{\sigma_{\hat{\beta}}}$을 구한다.

여기서 검정통계량 $t = (\hat{\beta} - \beta)/\widehat{\sigma_{\hat{\beta}}}$은 자유도 $n-k$인 t 분포를 함을 보일 수 있다. 물론 표본수 n이 커짐에 따라 이는 표준정규분포로 수렴한다.

한편 회귀분석에서는 귀무가설 $H_0 : \beta = 0$의 기각여부를 판단하는 기본적 가설 검정을 한다. 이를 위하여 일반적으로 EVIEWS 등 통계패키지가 자동 출력하는 t 통계량 값은 귀무가설 $H_0 : \beta = 0$ 하의 값 $t = \hat{\beta}/\widehat{\sigma_{\hat{\beta}}}$ 을 나타낸다. 이에 따라 α를 유의수준이라 할 때 β의 $100(1-\alpha)$% 신뢰구간은

$$\mathrm{P}[\hat{\beta} - t_{\alpha/2}\widehat{\sigma_{\hat{\beta}}} \leq \beta \leq \hat{\beta} + t_{\alpha/2}\widehat{\sigma_{\hat{\beta}}}] = 1 - \alpha$$

와 같이 주어진다.

(3) OLS 추정량의 최적성

한편 좀 더 구체적인 Gauss Markov 정리는 위에서 제시한 가정 1~6이 만족될 때, OLS 추정량은 선형 불편 추정량 중 가장 작은 분산을 가진다는 것이다.
그러면 선형 추정량은 무엇을 말하나?[8] 선형 추정량은 종속변수 표본 $y_1, y_2, \ldots, y_n$들을 임의의 고정(비확률변수)인 가중계수 $w_1, w_2, \ldots, w_n$를 선형 결합으로 하여 이루어진 추정량을 말한다. 즉 다음과 같은 형태이다.

$$\hat{\beta}^* = \sum_{i=1}^{n} w_i y_i$$

예제 3.4 | OLS 추정량은 선형 추정량이라고 할 수 있는가?

풀이 그렇다. 즉 이 경우 가중 계수는 $k_i \equiv x_i / \sum_{i=1}^{n} x_i^2$ 이며 OLS 추정량은 $\hat{\beta} = \sum_{i=1}^{n} k_i y_i$로 쓸 수 있다. 또한 표본평균 $\sum_{i=1}^{n} y_i / n$ 역시 가중 계수를 $1/n$으로 한 선형 추정량이다.

이러한 선형 추정량이 불편 추정량(기댓값이 모수 $\hat{\beta}$)인 것은 다음 조건을 만족시킬 때이다.

---

8) 이는 위에서 말한 첫째 가정의 계수에 대한 선형 모형과는 다른 개념임에 유의하자.

$$(3.23) \quad E(\hat{\beta}^*) = E(\sum_{i=1}^{n} w_i y_i) = \beta \sum_{i=1}^{n} w_i x_i + \sum_{i=1}^{n} w_i E(u_i) = \beta$$

여기서 모형을 $y_i = \beta x_i + u_i$ 로 가정하며, x_i가 확률변수가 아니라는 가정을 사용하였다. 그런데 임의의 선형 추정량 $\hat{\beta}^*$가 불편추정량이 되기 위한 조건은 식(3.23)에서

$$(3.24) \quad \sum_{i=1}^{n} w_i x_i = 1, \quad \sum_{i=1}^{n} w_i E(u_i) = 0$$

인 때이다. 그런데 OLS 추정량의 경우 이를 만족함을 보일 수 있다. 즉

$$\sum_{i=1}^{n} k_i x_i = \sum_{i=1}^{n} (x_i^2 / \sum_{i=1}^{n} x_i^2) = 1,$$

및

$$E(\sum_{i=1}^{n} k_i u_i) = \sum_{i=1}^{n} k_i E(u_i) = 0$$

이다.

이제 우리는 OLS 추정량이 선형 불편 추정량(즉, 조건(3.24)를 만족시키는 $\hat{\beta}$) 중 가장 작은 분산을 가진다(Gauss Markov 정리)는 것을 보일 수 있다. 즉

$$var(\hat{\beta}^*) \geq var(\hat{\beta})$$

증명은 다음 페이지의 [참고 3.1]과 같이 주어진다.

Gauss Markov 정리의 증명은 다음 순서로 이루어진다.

1) $k_i \equiv x_i / \sum_{i=1}^{n} x_i^2$ 이면 OLS 추정량은 $\hat{\beta} = \sum_{i=1}^{n} k_i y_i$으로 정의된다.

2) $\hat{\beta}^* = \sum_{i=1}^{n} w_i y_i$가 불편 추정량이 되기 위한 조건은 $\sum_{i=1}^{n} w_i x_i = 1, E \sum_{i=1}^{n} w_i u_i = 0$이다.

3) $w_i = k_i + a_i$로 놓는다(a_i는 임의의 숫자이다). 여기서 $\sum_{i=1}^{n} k_i x_i = \sum_{i=1}^{n} (w_i - a_i) x_i = \sum_{i=1}^{n} w_i x_i - \sum_{i=1}^{n} a_i x_i = 1$ 이므로 $\sum_{i=1}^{n} w_i x_i = 1$를 이용하여 $\sum_{i=1}^{n} a_i x_i = 0$임을 알 수 있다.

4) 그런데 $\hat{\beta}^* = \beta + \sum_{i=1}^{n} w_i u_i$로 쓸 수 있으므로 추정량 $\hat{\beta}^*$의 분산은

$$Var(\hat{\beta}^*) = \sigma^2 \sum_{i=1}^{n} w_i^2$$으로 주어진다. 유사하게 OLS 추정량의 분산은

$$Var(\hat{\beta}) = \sigma^2 \sum_{i=1}^{n} k_i^2$$로 주어진다.

5) 그런데 다음에 주목하자.

$$\sum_{i=1}^{n} w_i^2 = \sum_{i=1}^{n} k_i^2 + \sum_{i=1}^{n} 2 k_i a_i + \sum_{i=1}^{n} a_i^2 = \sum_{i=1}^{n} k_i^2 + \sum_{i=1}^{n} a_i^2$$

이는 3)의 결과와 정의에 의해 $\sum_{i=1}^{n} k_i a_i = \sum_{i=1}^{n} x_i a_i / \sum_{i=1}^{n} x_i^2 = 0$이기 때문이다.

6) 이에 따라 4)와 5)를 이용하여 다음이 성립하며 정리가 증명된다.

$$Var(\hat{\beta}^*) = \sigma^2 \sum_{i=1}^{n} w_i^2 = \sigma^2 (\sum_{i=1}^{n} k_i^2 + \sum_{i=1}^{n} a_i^2) \geq Var(\hat{\beta}) = \sigma^2 \sum_{i=1}^{n} k_i^2$$

다음의 선형모형의 계수 β 를 추정하는 것을 고려하자.

$$y_i = \beta x_i + u_i$$

$\hat{\beta} = n^{-1} \sum_{i=1}^{n} \dfrac{y_i}{x_i}$ 로 선형추정량을 정의할 때 Gauss Markov 정리의 가정이 성립하는 경우

1) 이 추정량의 기댓값과 분산을 구하라.
2) 다음 주장이 맞는지 답하고 설명하여라.
  (i) $\hat{\beta}$은 선형불편 추정량이다.
  (ii) $\hat{\beta}$은 선형불편 추정량 중 분산이 가장 작다.

풀이 1) 먼저 기댓값을 구하기 위해 다음 식을 유도한다.

$$\hat{\beta} = n^{-1} \sum_{i=1}^{n} \frac{y_i}{x_i}$$
$$= n^{-1} \sum_{i=1}^{n} \frac{\beta x_i + u_i}{x_i} = \beta + n^{-1} \sum_{i=1}^{n} \frac{u_i}{x_i}$$

따라서

$$E(\hat{\beta}) = \beta + n^{-1} \sum_{i=1}^{n} \frac{E(u_i)}{x_i} = \beta$$

또한

$$Var(\hat{\beta}) = E(\beta + n^{-1} \sum_{i=1}^{n} \frac{u_i}{x_i} - \beta)^2$$
$$= n^{-2} \sum_{i=1}^{n} \frac{E(u_i^2)}{x_i^2} + n^{-2} \sum_{i \neq j=1}^{n} \frac{E(u_i u_j)}{x_i x_j}$$
$$= n^{-2} \sum_{i=1}^{n} \frac{\sigma^2}{x_i^2} + n^{-1} \sum_{i \neq j=1}^{n} \frac{E(u_i)E(u_j)[=0]}{x_i x_j} \ [u_i\text{와 } u_j\text{가 서로 독립}]$$
$$= n^{-2} \sum_{i=1}^{n} \frac{\sigma^2}{x_i^2}$$

2) i) 맞다. (ii) Gauss Markov 정리에 의해 아니다.

예제 3.6　다음의 선형모형의 계수 β를 추정하는 것을 고려하자.

$$y_i = \beta x_i + u_i$$

$\overline{x_n} = n^{-1} \sum_{i=1}^{n} x_i$, 　$\overline{y_n} = n^{-1} \sum_{i=1}^{n} y_i$ 　및 　$\hat{\beta} = \overline{y_n}/\overline{x_n}$로 　정의하자. $E(u_i) = 0$이며 x_i는 비확률변수이다.

(1) $\hat{\beta} = \overline{y_n}/\overline{x_n}$의 기댓값과 분산을 구하라.

(2) 다음 주장이 맞는지 답하고 설명하여라.

　(i) $\hat{\beta}$은 선형불편 추정량이다.

　(ii) $\hat{\beta}$은 선형불편 추정량 중 분산이 가장 작다.

풀이　예제 3.6과 유사한 과정으로 풀 수 있다.

(4) 모형 설정의 평가와 비교

한편 회귀분석에서 설명변수(x)가 종속변수(y)를 설명하는 정도는 어떻게 평가 하는가에 대한 논의가 필요하다. 이는 모형의 설명변수가 추가로 필요한지를 판단하는 기준이 될 수 있다. 예를 들어 '케인지언 소비함수에서 소비가 소득에 의해 설명되는 정도는 얼마인가?'라거나 또는 구매력 평가설에 따라 '상대물가에 의해 환율이 설명되는 정도는 얼마인가?'라는 질문에 대한 답변이 필요한 때이다.

이와 같은 설명변수의 설명정도 평가의 한 방법은 설명변수의 종속변수 설명 부분(βx_i)의 변화가 종속변수(y_i)의 변화를 어느 정도 설명하는지 정도를 분산으로 계측하는 것이다. 이를 위하여 회귀모형 $y_i = \beta x_i + u_i$에서 y_i의 분산을 다음과 같이 분해한다.

(3.24)　$Var(y_i) = \beta^2 Var(x_i) + Var(u_i)$

위의 식을 유도하기 위해 우리는 설명변수와 오차항의 독립 또는 $Cov(x_i, u_i) = 0$라는 조건을 이용하였다.

위 식 (3.24)에서 y_i의 분산 중 설명변수에 의한 부분 비율은 다음으로 주어지며 이를 결정계수(determination coefficient) R^2이라 한다.

$$R^2 = \beta^2 \, Var(x_i) / \, Var(y_i)$$

R^2은 정의상 0에서 1의 값을 갖는데 이는 식 (3.24)의 오른쪽 두 개 항이 모두 음수가 아니기 때문이다. 물론 $\beta = 0$이면 $R^2 = 0$이며 $Var(u_i) = 0$이면 $R^2 = 1$이 된다.

만일 추정된 $\hat{\beta}$이 β 대신에 사용된다면 R^2 추정은 다음의 종속변수의 제곱합(Total Sum of Squares 또는 TSS) 분해로부터 얻어진다.

(3.25) $\quad \displaystyle\sum_{i=1}^{n} y_i^2 = \hat{\beta}^2 \sum_{i=1}^{n} x_i^2 + \sum_{i=1}^{n} \hat{u_i^2}$

$\qquad\quad (TSS = ESS \quad + RSS)$

위 식 (3.25)에서 $\hat{\beta}^2 \displaystyle\sum_{i=1}^{n} x_i^2$ 은 설명제곱합(Explained Sum of Suares 또는 ESS)으로, $\displaystyle\sum_{i=1}^{n} \hat{u_i^2}$은 오차항 제곱합(Residual Sum of Squares 또는 RSS)로 정의한다. 식 (3.25)의 분해가 성립하는 것은 오차항이 $\hat{u_i} = y_i - \hat{\beta} x_i$로 추정하며 항상 정의상 $\displaystyle\sum_{i=1}^{n} x_i \hat{u_i} = 0$이기 때문이다.[9]

마지막으로 (추정된) 결정계수는 식 (3.25)에서

$$R^2 = \hat{\beta}^2 \sum_{i=1}^{n} x_i^2 / \sum_{i=1}^{n} y_i^2 = ESS / \, TSS = 1 - RSS / \, TSS$$

---

[9] 이러한 결과는 분해는 x_i가 u_i와 독립 여부와 관계없이 항상 기계적으로 성립한다.

로 주어진다. 다시 정의상 $0 \le R^2 \le 1$이다. 이러한 R^2는 설명변수가 여러 개인 경우로 유사하게 확장된다. 이 경우 R^2의 분자는 RSS가 오차항의 추정해 $\hat{u}_i = y_i - \hat{\beta}_1 x_{1i} - \cdots - \hat{\beta}_k x_{ki}$로부터 계산될 때, $1 - RSS/TSS$로 구해진다.

이렇게 구한 R^2은 설명변수들을 선정하는 등 모형 설정에 사용된다. 예를 들어 구매력 평가설로 환율을 설명하는지 추정하려면 양국 간의 물가가 설명변수가 된다. 또 통화론적 환율결정모형들에는 이자율과 성장률에 따라 여러 형태가 존재한다. 그러나 경제이론에 의해 설명변수가 특정되지 않은 경우 연구자가 설명변수를 임의로 정하여야 한다.

그러면 R^2가 높도록 설명변수를 선정하는 것은 어떤가? 그런데 R^2은 설명변수의 수가 늘어남에 따라 추가된 설명변수와 오차항이 서로 독립인 한 결코 감소하지 않는다는 약점이 있다. 이에 따라 종속변수의 설명력이 떨어지는 (garbage) 변수들이 추가되어 추정의 자유도를 떨어뜨리기만 할 수 있으며 R^2은 이를 식별할 수 없다. 즉 R^2가 높다고 하여 반드시 우수한 모형이라고 말할 수는 없는 것이다.[10]

그런데, 대안으로 종속변수와 무관한 변수들을 추가하면 오히려 R^2을 떨어뜨리고(일종의 penalty 부여), 설명력 있는 변수들을 추가할 때만 R^2을 올리도록 수정하면 이를 모형의 설명변수 선정에 사용할 수 있다. 이런 방식으로 조정된 (adjusted) R^2는 k가 설명변수의 수, n이 표본수일 때 다음으로 정의된다.

$$\overline{R^2} = 1 - (1 - R^2)\frac{n-1}{n-k-1}$$

위의 조정된(adjusted) R^2는 설명변수의 수 k가 증가함에 따라 $\overline{R^2}$가 감소가 가능(일종의 penalty 부여)하다. 이를 설명하기 위해 k에 대해 $\overline{R^2}$을 미분하면 다음과 같다.

---

10) 18세기에는 경기변동을 주기가 11년인 태양 흑점의 확대주기와 연결시키려는 Jevons 등의 시도가 있었다. 이러한 접근은 농업생산이 중요한 당시 경제에는 설득력이 있었으나 요즈음과 같은 4차산업시대에 태양 흑점의 확대주기는 경기변동 설명에 의미가 없을 것이다.

$$(3.26) \quad d\overline{R^2}/dk = -(1-R^2)\frac{n-1}{(n-k-1)^2} + \frac{n-1}{n-k-1}\frac{dR^2}{dk}$$

이에 따라 k의 증가에 따라 $\overline{R^2}$을 상승시키려면, 식 (3.26)의 오른쪽 첫째항의 부호가 음이므로 두 번째 항에서 R^2을 상당히 올리는 수밖에 없다. 이는 $\dfrac{dR^2}{dk}$이 상대적으로 큰 값이어야 함을 의미한다. 다시 말하여 무작정 설명변수를 추가하여 k를 증가시키는 것은 만일 R^2 증가 효과가 미미한 경우 오히려 $\overline{R^2}$을 하락시키게 된다. 또한 R^2가 작고 k가 큰 경우 즉

$$1 < (1-R^2)\frac{n-1}{n-k-1}$$

인 경우 $\overline{R^2}$은 음의 값도 가능하다. 다시 말하여 $1-R^2<1$이지만 k가 큰 경우 $\dfrac{n-1}{n-k-1}$은 커지므로 이들의 곱은 1보다 클 수 있다.

이와 유사한 개념의 모형설정 또는 설명변수 선정 기준으로는 아카이케 정보기준(Akaike Information Criterion(AIC))과 슈바르츠 정보기준(Schwartz Information Criterion(SC))이 있다. 이들 기준 역시 설명변수의 수 k의 증가에 penalty를 부여하며 설명력 증가시 이 기준을 다시 감소시킨다. 이 정보 기준들에 따르면 기준 수치가 작은 모형이 선호된다. 표본수가 ∞ 대로 커짐에 따라 이들 기준은 참모형(true model)을 선택할 수 있음이 알려져 있다. 한편, 유한표본에서 SIC 기준은 AIC 기준보다 더 간단한(parsimonious) 한 모형을 추천한다. EVIEWS 등 통계 패키지들은 이들을 자동보고한다.

예제 3.7   선형 모형 $y_i = \beta x_i + u_i$의 계수를 OLS로 추정하는 것을 생각하자. 자료는 $x_i = (1,1,1,1,1)$와 상응하는 $y_i = (1,0,1,0,1)$이라고 하자.
a. 계수 β의 OLS 추정치를 구하여라.
b. u_i의 분산 σ^2의 추정치를 구하여라.
c. R^2과 $\overline{R^2}$의 추정치를 구하여라.

d. 귀무가설 $H_0 : \beta = 1$의 t−통계량을 구하라.

3.8

선형 모형 $y_i = \alpha + \beta x_i + u_i$의 계수 α와 β를 OLS로 추정하는 것을 생각하자. 자료는 $x_i = (1, 1, 1, 2, 3)$와 상응하는 $y_i = (2, 1, 2, 1, 4)$이라고 하자.

a. 계수 α와 β의 OLS 추정치를 구하여라.

b. u_i의 추정치를 구하여라.

c. u_i의 분산 σ^2의 추정치를 구하여라.

d. 계수 β의 OLS 추정치의 분산의 추정치를 구하여라.

e. 귀무가설 $H_0 : \beta = 0$에 대한 t 통계량을 구하여라.

f. 귀무가설 $H_0 : \beta = 1$을 기각할 수 있는가?

g. R^2과 $\overline{R}^2$을 구하여라.

풀이

본문에 소개한 방법으로 풀 수 있다.

우도 극대화 추정(Maximum Likelihood Estimation)

회귀식의 종속변수 x_i의 확률분포가 알려진 경우 이 정보를 이용하여 계수를 추정할 수 있다. 기본적인 아이디어는 주어진 관측자료를 발생시킬 확률이 가장 높은 계수를 추정치로 하는 것이다.

간단한 예로 확률변수 x_i가 기댓값 μ이며 분산이 1인 i.i.d. 정규분포를 한다고 가정하자. n개의 관측된 표본 $(x_1, x_2, ..., x_n)$을 이용하여 기댓값 μ를 추정하는 방법으로 우도 극대화 추정 방법을 소개하기로 한다.

먼저 관측된 표본 $(x_1, x_2, ..., x_n)$의 결합 확률밀도함수를 다음과 같이 정의한 후.

$$f(x_1, x_2, ..., x_n | \mu) = \prod_{i=1}^{n} f(x_i | \mu) = \frac{1}{2\pi^{\frac{n}{2}}} \exp[-\sum_{i=1}^{n} \frac{(x_i - \mu)^2}{2}]$$

로그를 취하면 다음과 같다.

$$\ln f(x_1, x_2, ..., x_n | \mu) = -\frac{n}{2} \ln(2\pi) - \sum_{i=1}^{n} \frac{(x_i - \mu)^2}{2}$$

그런데 위의 결합 확률밀도함수는 주어진 표본 $(x_1, x_2, ..., x_n)$에 대해 모수 μ의 함수로 해석할 수도 있다. 이 경우 결합 확률밀도함수를 우도함수(Likelihood function)라 한다. 우도함수를 모수에 대해 극대화하는 추정량을 모수의 우도극대화추정량(Maximum Likelihood Estimator)이라고 한다. 여기서 극대화를 위한 1계조건에 따르면 μ의 우도 극대화 추정량 $\hat{\mu}$은 다음으로 주어진다.

$$argmax_\mu \ln f(x_1, x_2, ..., x_n | \mu) \equiv \hat{\mu} = \frac{\sum_{i=1}^{n} x_i}{n}$$

우도극대화 추정은 직관적으로 다음과 같이 이해할 수 있다. 우도함수는 $(x_1, x_2, \cdots, x_n)$이 주어졌을 때 μ를 변화시킴에 따라 그 값이 변화한다. 그런데 관측된 표본 $(x_1, x_2, ..., x_n)$은 μ_1보다는 참 기댓값 μ_0를 중심으로 모일 것을 예상할 수 있으며 따라서 우도함수에서 표본과의 차이[즉, $(x_i - \mu)^2$]가 최소화 또는 우도함수가 극대화된다. 따라서 우도함수 $f(x_1, x_2, ..., x_n | \mu)$를 μ에 대하여 극대화시키는 통계량은 μ_0의 일치추정량이 될 수 있는 것이다. 이것이 우도 극대화 추정의 논리적 배경이다.

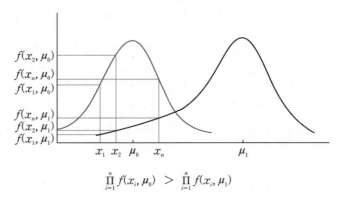
그림 3.4 우도극대화의 논리

$$\prod_{i=1}^{n} f(x_i, \mu_0) \; > \; \prod_{i=1}^{n} f(x_i, \mu_1)$$

이런 우도 극대화 추정량의 분산은 일정 조건하에서 Cramaer-Rao 하한이라 불리는 추정량 분산의 최저값을 가진다는 의미에서 최적성을 갖는다고 한다. 정규분포 가정하에서 우도 극대화 추정량은 OLS 추정량과 동일하다. 좀 더 구체적으로 만일 z_i가 종속변수 x_i의 기댓값과 $\mu = \beta z_i$의 관계에 있으면 β의 우도 극대화 추정량은 OLS 추정량과 동일하다. 이는 우도 극대화가 오차항제곱합을 최소화하는 문제와 동일하기 때문이다.

(5) 다중회귀분석과 추정결과의 해석

설명변수가 k개인 다중회귀분석의 다음 모형을 고려하자.

(3.27) $\quad y_i = \beta_1 x_{1i} + \beta_2 x_{2i} + \cdots + \beta_k x_{ki} + u_i$

위의 모형 (3.27)에서 $\beta_j ; j = 1, 2, \ldots, k$는 편회귀계수라고 한다. 이 값이 갖는 의미는 예를 들어 β_1은 상응하는 변수 x_{1i}이 한 단위 증가 시 여타 설명변수 x_{ji} $(j = 2, \ldots, k)$가 변하지 않고 고정일 때,[11] 종속변수 y_i가 변화하는 정도를 나타낸다. 이는 편미분(partial differentiation)계수와 동일한 개념이다.

예제 3.9	Cobb−Douglas 생산함수는 다음과 같이 쓸 수 있다. $$y_i = L_i^{\beta_1} K_i^{\beta_2} e^{u_i}$$ 여기서 y는 산출물, L은 노동량, K는 자본량이다. 이를 이용하여 노동탄력성을 어떻게 구할 수 있는가?
풀이	위 모형을 로그 변환하면 다음과 같이 쓸 수 있다. (3.28) $\quad \ln y_i = \beta_1 \ln L_i + \beta_2 \ln K_i + u_i$ 한편 Cobb−Douglas 생산함수의 편회귀계수 β_1은 다음과 같이 편미분으로부터 '산출의 노동 탄력성'을 나타냄을 알 수 있다. $$\frac{d \ln(y)}{d \ln(L)} = \frac{dy/y}{dL/L} = \beta_1$$ 여기서 $d(\ln x) = \dfrac{dx}{x}$의 로그미분 공식을 이용하였다.

---

11) 만일 x_{ji}가 따라 변한다면 그 효과는 $\beta_1 + \beta_j \dfrac{dx_{ji}}{dx_{1i}}$와 같이 주어질 것이다.

(6) 다중 공선성 문제

한편 다중회귀분석에서는 설명변수들 간에 서로 완전한 상관관계가 없어야 한다는 가정, 즉 다중 공선성(multi−corlinearity)이 존재하지 않는다는 가정이 추가되어야 한다. 이는 개략적으로 서로 다른 설명변수는 종속변수에 대해 '독립적인 정보'를 추가로 제공해야 한다는 것을 의미한다.

완전한 다중공선성은 모수 식별을 막고 수학적으로 OLS 추정 자체를 불가능하게 한다. 예를 들어 설명변수가 2개인 다음의 모형을 고려하자.

$$(3.29) \quad y_i = \beta_1 x_{1i} + \beta_2 x_{2i} + u_i$$

여기서 만일 극단적으로 두 설명변수 간에 완전한 상관관계, 즉 $x_{1i} = \lambda x_{2i}$[12] 이 성립한다면 이 관계를 모형에 대체하면 회귀모형은

$$y_i = (\lambda \beta_1 + \beta_2) x_{2i} + u_i$$

로 변환이 가능하다. 즉 종속변수 y에 대한 정보를 제공하는 변수는 실질적으로 x_{2i} 하나에 불과하다. 이 경우 계수 $\lambda\beta_1 + \beta_2$의 OLS 추정은 가능하나 계수 $\beta_j; j = 1, 2$는 개별적으로 어떤 값인지 식별이 불가능하다.

보다 현실적으로 불완전한 다중공선성, 이를테면 확률 오차항 v_i이 추가된 아래의 선형관계가 있는 경우 어떤 문제를 야기하는가가 중요할 수 있다.

$$x_{1i} + 3x_{2i} + v_i = 1$$

이 경우 OLS 추정량은 여전히 BLUE 이지만 추정량은 큰 분산과 공분산을 갖는다. 이를 설명하기 위하여 식(3.29)를 추정한다고 하자. 이 경우 ρ_{x_1, x_2}이 두 설명변수 x_{1i}와 x_{2i} 간의 상관계수일 때, 계수 β_1의 OLS 추정량은 이에 비례하

---

12) 거시경제학에서 산출(Y)=소비(C)+투자(I)+정부지출(G)의 항등식이 성립한다. 이 경우 C, I, G, Y간에는 완전한 선형관계가 존재한다. 따라서 이들 모두를 회귀분석의 설명변수로 사용하면 다중공선성 문제가 발생한다.

도록 다음과 같이 주어짐을 보일 수 있다.

$$\widehat{\beta_1} \propto \frac{1}{1 - (\rho_{x_1, x_2})^2}$$

즉 극단적으로 $\rho_{x_1, x_2} = 1$(완전한 다중공성선의 존재)인 경우 OLS 추정이 불가능해진다. 또한 ρ_{x_1, x_2}이 1에 가까운 경우 β_1의 OLS 추정량은 표본선택에 따라 불안정하다. 이에 따라 OLS 추정량은 다중공성선하에서 전형적으로 높은 R^2이더라도 낮은 t 값을 보인다.[13] 이에 따라 통계적 추론을 불안정하게 된다. 이러한 특징은 다중공성선의 존재 여부를 확인하는 수단으로 이용된다.

다중공선성의 문제는 추가적인 자료 발굴(data mining)을 통해 해결할 수도 있으나 이용가능한 자료 자체의 결핍이 문제인 경우 다른 선택의 여지가 없다.

(6) 다중회귀모형에서의 가설 검정

다중회귀모형에서 개별회귀변수에 대한 가설(예: $H_0 : \beta_1 = 0$) 검정은 t – 검정으로 할 수 있다. 다음으로 보다 일반적인 계수에 대한 제약의 가설에 대한 검정은 F 검정을 통해 수행할 수 있다. 예를 들어 위의 식 (3.29)의 Cobb – Douglas 생산함수에서 귀무가설 $H_0 : \beta_1 + \beta_2 = 1$를 가정하면 이는 규모의 수익 불변(constant return to scale)을 나타낸다. 이 가설을 어떻게 검정할 수 있을까? 이는 다음의 네 가지 순서로 진행된다.

---

13) 이런 현상은 OLS 추정계수값과 이의 분산의 증가와 관련이 있다. 수학적으로는 X가 자료행렬일 때 자료 행렬식 $|X'X|$이 0에 가까워지면 역행렬 $(X'X)^{-1}$과 여기서 파생된 R^2은 커지게 된다. 반대로 OLS 추정계수의 분산 $\sigma^2 (X'X)^{-1}$으로부터 얻어지는 t값은 작아지게 된다.

첫째, 로그 변환된 Cobb–Douglas 생산함수 모형식 (3.28)을 OLS로 추정한다. 여기서 잔차제곱합(RSS) $\sum_{i=1}^{n} \widehat{u_i^2}$ 를 구하고 이를 무제약 RSS_{UR}로 표시한다.

둘째, 모형 (3.28)을 귀무가설 $H_0 : \beta_1 + \beta_2 = 1$로 제약하여 (즉, 식 $\beta_2 = 1 - \beta_1$를 모형 (3.28)에 대입) 다음과 같이 변형시킨다.

(3.30) $\ln y_i = \beta_1 \ln L_i + (1 - \beta_1) \ln K_i + u_i$

식 (3.30)을 정리하면 다음 식이 얻어진다.

(3.31) $\ln y_i - \ln K_i = \beta_1 (\ln L_i - \ln K_i) + u_i$

로그의 성질에 의해, 식 (3.31)은 아래와 같이 쓸 수도 있다.

$$\ln (y_i / K_i) = \beta_1 \ln (L_i / K_i) + u_i$$

셋째, 식 (3.31)을 OLS로 추정한다. 여기서 다시 잔차제곱합(RSS)을 구하고 이를 제약 RSS_R로 표시한다.

넷째, 다음의 F 통계량을 계산한다.

(3.32) $F_{1, n-2} = \dfrac{(RSS_R - RSS_{UR})/1}{RSS_{UR}/(n-2)}$

여기서 n은 표본의 수, 분자의 1은 제약식의 숫자, 분모의 2는 원모형 (3.28)에 있는 모든 추정계수의 수이다.

다섯째, 일정 유의수준에서 F 통계량이 기각값을 초과하면 귀무가설을 기각한다.

이러한 F 검정은 식 (3.32)에서 보듯 기본적으로 가설에 따라 모형을 변형하여 얻어진 RSS_R과 원래 모형의 RSS_{UR}의 차이를 비교하는 것이다.[14] 즉 만일 귀

---

14) 항상 $RSS_R \geq RSS_{UR}$임에 유의하자.

무가설의 제약조건이 맞다면 이런 제약하에서도 잔차항 u_i와 이로부터 생성된 RSS 간에는 차이가 없어야 한다.[15] 이 경우 (3.32)에서 제시된 통계량은 귀무가설하 오차항의 정규분포 가정하에서 $F_{1,n-2}$의 분포를 따르게 된다. 반대로 귀무가설의 제약조건이 틀리다면 아래 <그림 3.5>에서 보듯 제약조건(A로 표시)은 최소화할 수 있는 RSS의 하한을 높이고 따라서 RSS_R과 RSS_{UR}의 차이가 있게 되며 검정력을 갖게 된다.

그림 3.5 제약(직선 A로 표시)하 잔차제곱 최소화 문제

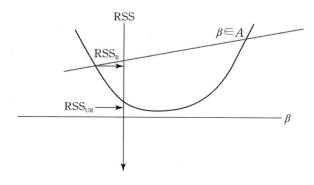

보다 일반적인 경우 즉 제약식의 수가 m, 회귀모형 추정계수의 수가 k인 경우를 생각하자. 이 경우 제약조건을 검정하는 F 통계량은 다음으로 계산된다.

$$F_{m,n-k} = \frac{(RSS_R - RSS_{UR})/m}{RSS_{UR}/(n-k)}$$

이러한 검정법이 성립하는 것은 항상 $RSS_R \geq RSS_{UR}$인데 이는 다음의 제약 조건 $\beta \in A$하 다음 문제의 해로부터

$$RSS \equiv \min_\beta \sum_{i=1}^{n} u_i^2$$

$$s.t. \beta \in A$$

얻어진 RSS_R은 제약 조건 $\beta \in A$ 없는 상태에서 얻어진 RSS_{UR}보다 더 작을 수 없기 때문이다.

여기서 무제약 추정의 자유도는 표본의 수(n) - 무제약 추정의 추정계수의 수(k)이다. 이 경우 위 검정통계량 F는 분자는 χ_m^2, 분모는 χ_{n-k}^2 분포를 하므로 결국 $F_{m,n-k}$ 분포를 하게 된다.

한편 이 F통계량은 R^2을 통해서도 나타낼 수 있는데 $R^2 = 1 - \dfrac{RSS}{TSS}$ 또는 $RSS = (1 - R^2)TSS$ 이므로 위의 F 통계량은

$$F_{m,n-k} = \frac{(R_{UR}^2 - R_R^2)/m}{(1 - R_{UR}^2/(n-k)}$$

로도 고쳐 쓸 수 있다. 여기서 R_{UR}^2과 R_R^2은 각각 무제약 및 제약하에 계산된 R^2을 나타낸다.

제약식의 형태는 얼마든지 다를 수 있다. 예를 들어 $\beta_1 + 2\beta_2 + \cdots + k\beta_k = 0$ 도 가능하며 하나의 제약식으로 인정된다.

예제 3.10 | 무제약 모형은

$$y_i = \beta_1 x_{1i} + \beta_2 x_{2i} + \beta_3 x_{3i} + u_i$$

이며 귀무가설이 $H_0 : \beta_1 + \beta_2 = 0$, $\beta_3 = 0$인 경우의 F 통계량을 생각해 보자.

풀이 이 경우 귀무가설하 제약모형은 $y_i = \beta_1(x_{1i} - x_{2i}) + u_i$이다. 이 경우 $k = 3$이며 $m = 2$이다. 이 경우 다음의 F통계량을 계산한다.

$$F_{2,n-3} = \frac{(RSS_R - RSS_{UR})/2}{RSS_{UR}/(n-3)}$$

예제 3.11   상수항을 포함한 다음의 다중회귀모형을 고려하자.

$$y_i = \beta_0 + \beta_1 x_{1i} + \beta_2 x_{2i} + \cdots + \beta_k x_{ki} + u_i$$

만일 제약식이 $\beta_i = 0; \ i = 1,2,...,k$ 이라면 F 통계량은 어떻게 주어지나?

풀이   이 경우 상수항을 제외한 모든 변수들의 계수가 0이라는 형태가 된다. 즉 상수항을 제외한 모든 설명변수가 종속변수를 설명하지 못한다는 것이 귀무가설이 된다. 이 경우 다음의 F 통계량을 계산한다.

$$F_{k, n-k-1} = \frac{(RSS_R - RSS_{UR})/k}{RSS_{UR}/(n-k-1)}$$

EXCEL 등 통계 패키지에서는 기본적으로 이 F 값을 제공한다.

〈참고〉 EXCEL 회귀분석 기능 설치법

office.microscft.com/ko-kr/excel-help/HP010021569.aspx?CTT=1

Office   Office.com 전체 검색   bing

| 홈 | 제품 | 지원 | 이미지 | 서식 파일 | 다운로드 | 자세히 ▼ |

지원 / Excel / Excel 2007 도움말 및 사용 방법 / 추가 기능

분석 도구 로드
적용 대상: Microsoft Office Excel 2007

인쇄

분석 도구는 Microsoft Office나 Excel을 설치하면 사용할 수 있는 Microsoft Office Excel 추가 기능 프로그램입니다. Excel에서 이 프로그램을 사용하려면 먼저 프로그램을 로드해야 합니다.

1. Microsoft Office 단추 🔘 를 클릭한 다음 Excel 옵션을 클릭합니다.
2. 추가 기능을 클릭하고 관리 상자에서 Excel 추가 기능을 선택합니다.
3. 이동을 클릭합니다.
4. 사용 가능한 추가 기능 상자에서 분석 도구 확인란을 선택하고 확인을 클릭합니다.

팁   이때 사용 가능한 추가 기능 상자에 분석 도구가 나열되지 않은 경우 찾아보기를 클릭하여 찾습니다.

분석 도구가 현재 컴퓨터에 설치되어 있지 않다는 메시지가 나타나면 예를 클릭하여 설치합니다.

5. 분석 도구를 로드하면 데이터 탭의 분석 그룹에서 데이터 분석 명령을 사용할 수 있습니다.

예제 3.12 모형이 다음과 같이 Cobb–Douglas 생산함수의 상수항을 포함하는 경우를 생각하자.

$$\ln Y_i = \beta_0 + \beta_1 \ln L_i + \beta_2 \ln K_i + u_i$$

여기서 Y, L, K는 각각 산출량, 노동량 및 자본량을 나타낸다. 만일 귀무가설이 $H_0 : \beta_1 = \beta_2 = 0$ 인 경우 부록의 자료를 이용하여 5% 유의수준에서 F검정을 수행하라.

5 | 질적 설명변수와 더미

설명변수로 성별, 인종, 종교 등 셀 수 없는 계량화가 불가능한 질적인 변수가 있다. 이 경우 더미(dummy) 변수 개념을 도입하여 1 또는 0의 값을 갖는 변수로 처리한다. 예를 들어 남자는 1, 여자는 0으로 설명변수 자료를 입력한다. 또는 백인이면 1, 아니면 0으로 기재한다. 다음 표는 이런 자료의 예를 나타낸다

이름	성별	소득
A	0	50
B	1	150
C	1	90
⋮	⋮	⋮
Z	0	70

여기서 변수가 1인 경우의 회귀분석 추정계수는 한계 효과가 아니라 0인 경우와의 효과차이를 나타낸다.

예제 3.13

교육이 소득에 미치는 영향(return to schooling)이 남녀별로 차이가 있는가, 또 있다면 어느 정도 있는가를 분석해보자.

풀이

이를 위하여 더미변수 d_i(남자는 1, 여자는 0 의 값을 갖는 변수)를 다음과 같이 회귀식에 넣어 추정할 수 있다.

$$(3.33) \quad y_i = \beta_0 + \beta_1 x_i + \beta_2 d_i + u_i : \quad i = 1, 2, \ldots, n$$

여기서 y_i, x_i 는 각각 i번째 사람의 소득과 교육연한이며, d_i는 i번째 사람이 남성이면 1 반대로 여성이면 0을 자료에 기재한다. 따라

서 교육연한이 10년인 남성의 기대 소득은 모수를 아는 경우

$$E(y_i|x_i, d_i = 1) = \beta_0 + 10\beta_1 + \beta_2$$

와 같이 조건부 예측된다. 반면 교육연한이 10년인 여성의 기대 소득은

$$E(y_i|x_i, d_i = 0) = \beta_0 + 10\beta_1$$

와 같이 조건부 예측된다. 이로부터 우리는 계수 β_2가 동일 교육 연한을 가진 사람들의 소득에서 남자가 여자보다 얼마나 다른지 다음의

$$E(y_i|x_i, d_i = 1) - E(y_i|x_i, d_i = 0) = \beta_2$$

예측차이를 나타냄을 알 수 있다.

그런데 식 (3.33)에서 남성 및 여성 효과를 동시에 추정할 수 있을까? 이는 남성이면 $d_{1i} = 1$ 반대로 여성이면 $d_{1i} = 0$을 자료에 기재하는 더미와 반대로 남성이면 $d_{2i} = 0$ 반대로 여성이면 $d_{2i} = 1$을 자료에 기재하는 더미 두 개를 사용하여 가능하다. 이 경우 식 (3.33)에서 상수항을 제외하고 모형을 아래와 같이 고쳐 쓴다.

(3.34) $y_i = \beta_1 x_i + \beta_2 d_{1i} + \beta_3 d_{2i} + u_i 4$

여기서 교육연한이 10년인 남성의 기대 소득은 $10\beta_1 + \beta_2$와 같이 조건부 예측된다. 반면 교육연한이 10년인 여성의 기대 소득은 $10\beta_1 + \beta_3$와 같이 조건부 예측된다. 이에 따라 남성과 여성의 기대 소득 격차는 $\beta_2 - \beta_3$로 예측된다.

다만 식 (3.34)에서 상수항을 더 추가하면 안 된다. 왜냐하면 상수항을 추가 시 $1 = d_{1i} + d_{2i}$의 선형관계가 성립하여 상수항과 더미변수들간에 간에 완전 다중공선성 문제가 발생하기 때문이다.

보다 일반적으로 모형 내에 상수항이 포함된 경우 r개의 카테고리 질적변수가 포함된 경우 $r-1$개의 더미변수의 포함이 가능해진다. 예를 들어 백화점 매

출 실적의 계절효과를 추정한다면 봄, 여름, 가을 및 겨울 4개의 카테고리가 있으므로 상수항 포함 3개의 더미 추가가 가능하다. 이 경우 모형의 상수항은 3개의 더미변수가 모두 0인 경우 곧 겨울 효과를 포함[16]하여 나타낸다.

물론 상수항에 더하여 r개의 더미변수를 추가하면 완전 다중공선성의 문제로 OLS 추정이 불가능하게 된다. $r-1$개의 더미변수가 포함이 된 경우 상수항은 이들 범주의 값이 모두 0인 경우의 효과를 반영한다. 카테고리 개별 효과를 보다 분명히 추정하고 싶으면 상수항을 제외하고 r개의 더미변수를 추가하면 된다.

한편 여러 설명변수를 동시에 고려하는 상호더미도 도입 가능하다. 예를 들어 식 (3.34)에서 '여성 더미×유색인 더미(즉 d_{3i}, 유색인이면 1, 백인이면 0)'를 설명변수($d_{2i} \times d_{3i}$)로 추가하는 경우 여기서 더미의 곱 $d_{2i} \times d_{3i}$가 갖는 값은 다음 표와 같이 정리된다.

	남성	여성
유색인	0	1
백인	0	0

따라서 이 더미곱의 계수는 여성이며 유색인인 경우의 소득에 대한 추가효과를 나타낸다.

한편 이러한 더미변수는 경제의 구조변화를 나타내기도 한다. 예를 들어 소비함수나 저축 투자 방정식에서 제2차 유가파동기인 1981년 이후 경기 침체가 시작되었는지를 검정하기 위해 시간 더미가 쓰인다. 이 경우 1981년 이후를 나타내는 더미 즉 1981년 이후 기간에는 1을 나머지 기간에는 0을 부여하는 자료를 이용한다.

---

16) 겨울 효과를 제외한 상수 효과가 포함되어 있을 수 있다는 의미이다. 따라서 엄밀하게는 겨울 효과는 이 추정을 통해 식별되지 않는다. 만일 겨울 효과를 별도로 추정하고 싶다면 예를 들어 봄, 여름, 겨울 더미와 상수항으로 구성된 모형에서 이를 따로 추정할 수 있다.

예제 3.14 더미 설명변수를 이용한 시간당 임금에 대한 다음 추정 결과표를 보고 다음 물음에 답하라. 여기서 각 설명변수는 여성(female), 유색인(nonwhite), 노조원(union) 더미 및 교육연한(education) 및 경력(exper)을 나타낸다.

Included observations: 1289

	Coefficient	Std. Error	t-Statistic	Prob.
C	−7.183338	1.015788	−7.071691	0.0000
FEMALE	−3.074875	0.364616	−8.433184	0.0000
NONWHITE	−1.565313	0.509188	−3.074139	0.0022
UNION	1.095976	0.506078	2.165626	0.0305
EDUCATION	1.370301	0.065904	20.79231	0.0000
EXPER	0.166607	0.016048	10.38205	0.0000

R-squared 0.323339   Mean dependent var 12.36585

$$F = 122.6 \ (F_{5,1284} = 3.04)$$

a. '모든 기울기 계수값이 동시에 0이다.'라는 귀무가설을 검정하라.

풀이 $F = 122.6 > 3.04$이므로 귀무가설을 기각한다.

b. 10년간 교육을 받고 5년 경력의 백인, 노조원, 여성 노동자의 시간당 예상임금은 얼마인가 ? (소숫점 1자리까지만 계산)

풀이 $-7.18 - 1.56*1 + 1.09*1 - 3.07*1 + 1.37*10 + 0.16*5$

c. 여성(Female) 더미변수의 계수가 −1이라는 5% 유의수준에서 귀무가설을 검정하라.

풀이 $t = (-3.07 - (-1))/0.36 = -2.07/0.36 < -1.96$ 이므로 귀무가설을 기각한다.

예제 3.15 다음 표 I과 II는 표본수 75인 로그 변환 후 Cobb−Douglas 생산함수의 방정식 $\ln y_i = \beta_0 + \beta_1 \ln L_i + \beta_2 \ln K_i + u_i$의 추정 결과이다. 여

기서 y는 산출물, L은 노동량, K는 자본량을 나타낸다. 표 (I)은 무제약, 표 (II)는 귀무가설 $H_0 : \beta_1 + \beta_2 = 1$의 제약식하에 추정된 결과를 각각 나타낸다. 아래 물음에 답하여라.

a. 귀무가설 $H_0 : \beta_1 + \beta_2 = 1$의 F−검정을 수행하라.

풀이

$F = \dfrac{(3.4255 - 3.4155)/1}{3.4155/(75-3)}$ 을 이용한다.

b. R^2과 Akaike 정보 기준에 따르면 (I) 또는 (II) 모형 중 어떤 것을 각각 선택해야 하는가? 왜 양자 간에 차이가 있는가 설명하라.

풀이

Akaike 정보기준으로는 모형 II, R^2 기준으로는 모형 I 을 선택해야 한다. 변수가 추가된 모형 I 에 더 높은 Akaike 정보 기준이 도출되었다.

(I)

Variable	Coefficient	Std. Error	t−Statistic	Prob.
C	3.887605	0.396228	9.811528	0.0000
LNLABOR	0.468333	0.098926	4.734185	0.0000
LNCAPITAL	0.521278	0.096887	5.380272	0.0000

R−squared	0.964175	Mean dependent var	16.94139
Adjusted R−squared	0.962683	S.D. dependent var	1.380869
S.E. of regression	0.266752	Akaike info criterion	0.252027
Sum squared resid	3.415516	Schwarz criterion	0.365664
Log likelihood	−3.42669	Hannan−Quinn criter.	0.295451
F−statistic	645.9312	Durbin−Watson stat	1.946388
Prob(F−statistic)	0		

(II)

Variable	Coefficient	Std. Error	t−Statistic	Prob.
C	3.756242	0.185368	20.26372	0.0000
LOG(CAPITAL/LABOR)	0.523756	0.095812	5.466487	0.0000

R-squared	0.378823	Mean dependent var	4.749135
Adjusted R-squared	0.366146	S.D. dependent var	0.332104
S.E. of regression	0.264405	Akaike info criterion	0.215754
Sum squared resid	3.425582	Schwarz criterion	0.291512
Log likelihood	-3.50173	Hannan-Quinn criter.	0.244704
F-statistic	29.88247	Durbin-Watson stat	1.93684
Prob(F-statistic)	0.000002		

일반화된 최소자승법
(Generalized least square method)

Gauss Markov 정리가 성립하기 위한 가정이 위배되면 OLS 추정의 효율성이 충족되지 않으며 올바른 검정이 불가능해질 수도 있다. 경제모형에서 흔히 나타나는 이런 위배의 경우가 다음에서 서술하는 오차항이 i.i.d 조건을 만족시키지 않는 것을 의미하는 이분산성과 자기상관이다.

아래에서는 이 문제의 검정과 이의 해결을 위한 일반화된 최소자승법 (generalized least square)을 소개하기로 한다.

(1) 이분산성 (Heteroskedasticity)

이분산성은 다음과 같이 시간 i에 따라 오차항의 분산이 변하는 경우이다.

$$E(u_i^2) = \sigma_i^2, \quad i = 1, 2, \ldots n$$

예를 들어 소득의 소비에 대한 회귀에서 오차의 분산이 소득 증가에 비례하여 증가하는 경우이다. 반대로 $\sigma_i^2 = \sigma_j^2 \, (i \neq j, 1, 2, \cdots n)$인 경우 등분산성 (Homoskedasticity)을 가진다고 한다.

이 경우에도 OLS 추정량은 불편성과 일치성을 가지나 분산은 다음과 같이 등분산의 경우와 다르게 주어진다.

$$\sigma_{\hat{\beta}}^2 \equiv var(\hat{\beta}) \equiv E(\hat{\beta} - \beta)^2$$

$$= E[\sum_{i=1}^{n} x_i u_i / \sum_{i=1}^{n} x_i^2]^2 \ (\text{식 } (3.18) \text{로 부터 유도})$$

$$= E[(\sum_{i=1}^{n} x_i u_i)^2 / (\sum_{i=1}^{n} x_i^2)^2]$$

$$= \sum_{i=1}^{n} x_i^2 E(u_i^2) / (\sum_{i=1}^{n} x_i^2)^2 + \sum_{i=1}^{n} x_i x_j E(u_i u_j) / (\sum_{i=1}^{n} x_i^2)^2$$

$$= \frac{\sum_{i=1}^{n} x_i^2 \sigma_i^2}{(\sum_{i=1}^{n} x_i^2)^2}$$

이는 등분산 가정하에 얻은(컴퓨터에서 자동출력하는) OLS 추정량의 분산과 다르며 따라서 이에 기초한 t또는 F검정이 잘못된 것이 됨을 의미한다. 또한 더 이상 OLS 추정량은 BLUE가 아니게 된다. 물론 만일 $\sigma_i^2 = \sigma_u^2$으로 등분산이면 OLS 추정량의 분산은

$$\frac{\sum x_i^2 \sigma_i^2}{(\sum x_i^2)^2} = \frac{\sigma_u^2}{\sum x_i^2}$$

으로 등분산 가정하 OLS의 경우와 동일해진다.

이 문제에 대한 해결책은 원래의 모형을 변환하여 이분산성이 없는 상태로 바꾸어 주는 것이다. 좀 더 구체적으로 다음의 오차항의 이분산성이 존재하는 추정 모형을 가정하자.

$$(3.35) \quad y_i = \beta x_i + u_i, \ (\sigma_i^2 \neq \sigma_j^2, \ i \neq j)$$

다음으로 오차항의 분산 σ_i^2를 알고 있다는 가정하에 표준편차 σ_i로 모형 (3.35)의 양변을 나누어 준다.

$$(y_i/\sigma_i) = \beta(x_i/\sigma_i) + (u_i/\sigma_i)$$

또는

$$(3.36) \quad {y_i}^* = \beta x_{1i}^* + u_i^*$$

여기서 변환된 위 식의 오차항의 분산은

$$var(u_i^*) = \frac{\sigma_i^2}{\sigma_i^2} = 1$$

이며 이분산성이 사라지게 된다. 따라서 변환된 모형 (3.36)의 다음과 같은 OLS 추정량

$$(3.37) \quad \widehat{\beta^*} = \sum_{i=1}^{n} y_i^* x_i^* \Big/ \sum_{i=1}^{n} (x_i^*)^2$$

은 Gauss Markov 정리가 성립하기 위한 가정을 충족하며 따라서 BLUE가 된다. 이 경우 OLS 추정량의 분산은 다음과 같이 주어진다.

$$var(\widehat{\beta^*}) = \frac{1}{\displaystyle\sum_{i=1}^{n} (x_i^*)^2}$$

또한 여기서 얻은 t또는 F검정 또한 적절한 것이 된다. (3.37)와 같은 추정량을 일반화 최소자승법(generalized least square, GLS)이라고 한다.

다음은 모형에 이분산성이 있는 지의 여부의 검정법으로 Park 검정을 소개한다.[17] 이는 일반화된 다른 검정법을 이해하는 의미도 있다. 먼저 Park 검정의

---

17) 이에 비슷한 접근법의 Breusch－Pagan, White 검정 등도 있으며 이는 Eviews를 통해 수행할 수 있다.

가정은 오차항의 분산이 주어진 변수 q_i[18] (여기에는 원래 모형의 설명변수 x 또는 이의 제곱항 등이 포함 가능하다.) 에 의존하여

$$u_i^2 = \sigma^2 q_i^\delta e^{v_i}$$

또는 이에 로그를 취하여

(3.38) $\ln u_i^2 = \ln \sigma^2 + \delta \ln q_i + v_i$

와 같은 형태를 가진다고 가정한다.[19] 식 (3.38)의 오차항 v_i는 σ_v^2이 분산인 i.i.d 과정을 따르며 두 변수 x_i(회귀모형의 설명변수) 및 q_i와(오차항제곱의 설명변수)와 서로 독립이라고 가정한다. 여기서 만일 v_i가 정규분포를 하는 경우, 원래 모형의 오차항의 분산은 다음과 같이 주어진다.

(3.39) $E(u_i^2) = \sigma^2 q_i^\delta E(e^{v_i}) = \sigma^2 q_i^\delta \exp\left(\dfrac{\sigma_v^2}{2}\right)$

위 식에서 $Ee^{v_i} = \exp\left(\dfrac{\sigma_v^2}{2}\right)$ 인데 이는 e^{v_i}가 로그 정규분포 (로그를 취한 후 정규분포를 하는 경우를 말함)를 따르기 때문이다. 분산식 (3.39)를 반영하여 모형 (3.35)를

(3.40) $(y_i/\sqrt{q_i^\delta}) = \beta(x_i/\sqrt{q_i^\delta}) + (u_i/\sqrt{q_i^\delta})$

로 변환하면 이분산성을 해소할 수 있다.[20] 즉 식 (3.40)의 이를 이용한 오차항

---

18) 소비함수 추정에서 오차항이 부동산이나 주식 등 개인의 부(wealth)에 의존하여 분산이 변한다면 이 경우 부가 이런 변수의 예일 것이다. 또는 관측시기가 금융위기 시의 주가 또는 환율 변동은 심리적인 요인 등이 작용하여 시기적으로 분산이 커질 수 있다.

19) 이분산성이 설명변수의 2차항(예를 들어 x_1과 x_2 두 개의 설명변수가 있으면 $x_1{}^2$, $x_2{}^2$, $x_1 x_2$ 등)에 의존한다는 가정하에 White 검정을 수행할 수 있으며 이는 EVIEWS에 탑재되어 있다.

분산은 (3.39)에 따르면 다음과 같이 등분산성을 갖는다.

$$E(u_i^2 / \sqrt{q_i^\delta}) = \sigma^2 \exp\left(\frac{\sigma_v^2}{2}\right)$$

다음으로 변환식 (3.40)에서 오차항의 모수 δ를 모르는 경우 모형 (3.40)을 이용한 일반화 최소자승법의 추정순서는 다음과 수정되어 이루어진다.

첫째, 이분산성을 무시하고 OLS 추정을 통해 원래 모형의 계수와 이를 이용한 오차항을 $\widehat{u_i}$로 일치 추정한다.[21] 둘째, u_i^2의 추정량을 $\widehat{u_i^2}$으로 대체하여 식 (3.38)에서 다음 식의 계수 δ를 $\hat{\delta}$으로 OLS 추정한다.

$$\ln\widehat{u_i^2} = \ln\sigma^2 + \delta\ln q_i + v_i$$

셋째, 두 번째 단계의 식을 이용하여 귀무가설 $H_0 : \delta = 0$을 검정한다.

넷째, 세 번째 과정에서 귀무가설이 기각되어 이분산성이 존재하는 것으로 파악되면, 추정된 $\hat{\delta}$을 이용하여 추정모형을 식 (3.40)을 참조하여 다음과 같이 변환하여 OLS 추정을 수행한다.

$$(y_i / \sqrt{q_i^{\hat{\delta}}}) = \beta(x_i / \sqrt{q_i^{\hat{\delta}}}) + (u_i / \sqrt{q_i^{\hat{\delta}}})$$

이와 같은 추정량을 적용 가능한 일반화 최소자승법(feasible generalized least square, FGLS)이라고 한다. FGLS는 몇 가지 조건을 충족하는 경우 표본수가 증가함에 따라 일반화 최소자승법과 동일한 추정량의 분산을 가진다.

(2) 자기상관(Autocorrelation)

오차항이 자신의 시차오차항과 상관 관계가 있는 경우를 말한다. 이 경우 오차항이 i.i.d라는 가정에 위배된다. 예를 들어 오차항이 다음의 AR(AutoRegressive,

---

20) i에 의존하지 않는 다른 상수항은 제외해도 무방하다.
21) 이분산성이 있는 경우 OLS 추정량은 효율적 추정량은 아니나 일치성을 갖는 일치 추정량이다.

1)과정을 따른 경우이다.

(3.41) $u_t = \rho u_{t-1} + \epsilon_t$

여기서 식 (3.41)의 오차항 ϵ_t는 i.i.d 과정이며 회귀식의 설명변수 x_i와 독립이라고 가정한다.

이러한 오차항의 자기상관이 발생하는 이유는 경제변수의 관성,[22] 설명변수의 생략, 모형 설정에 있어 잘못된 함수 형태(비선형인데 선형으로 설정하면 잔여부분이 자기상관을 생성) 또는 설명변수에 종속변수의 시차항 누락(예: y_{t-1})인 경우 등이다.

오차항의 자기상관이 있는 경우도 이분산성의 경우와 같이 OLS 추정량은 더이상 최소분산 추정량(BLUE)이 아니다. 또한 OLS 추정량의 이론적 분산과 다름으로 인해 t 또는 F검정은 잘못된 것이 된다. 다만 OLS 추정의 일치성은 유지된다.

오차항의 자기상관 존재의 탐지는 Durbin-Watson 검정이 일반적인 방법이다.[23] 이는 Eviews 등에서는 OLS 추정시 자동 보고한다. Durbin-Watson 검정통계량은 OLS 추정을 통해 자기상관을 무시한 모형의 OLS 추정으로 오차항 u_t을 $\hat{u}_t$로 추정했을 때 다음과 같이 주어진다.[24]

$$d = \frac{\sum_{t=2}^{n} (\hat{u}_t - \hat{u}_{t-1})^2}{\sum_{t=1}^{n} \hat{u}_t^2}$$

이 통계량은 다음과 같이 근사할 수 있다.

---

22) 대부분의 경제 변수들은 시간적 관성을 가질 가능성이 매우 높다.
23) 오차항이 보다 일반적인 AR(p)과정을 따르는 경우 LM 검정을 수행할 수 있다.
24) 일반적인 통계 패키지들은 Durbin-Watson 통계량을 기본으로 보고한다. 기각역은 소표본을 전제로 얻은 것이다.

$$d = \frac{\sum_{t=1}^{n} \hat{u}_t^2 + \sum_{t=1}^{n} \hat{u}_{t-1}^2 - 2\sum_{t=1}^{n} \hat{u}_t \hat{u}_{t-1}}{\sum_{t=1}^{n} \hat{u}_t^2}$$

$$\simeq \frac{2\sum_{t=1}^{n} \hat{u}_t^2 - 2\sum_{t=1}^{n} \hat{u}_t \hat{u}_{t-1}}{\sum_{t=1}^{n} \hat{u}_t^2} = 2(1 - \frac{\sum_{t=1}^{n} \hat{u}_t \hat{u}_{t-1}}{\sum_{t=1}^{n} \hat{u}_t^2}) \simeq 2(1 - \hat{\rho})$$

그런데 위의 d에 대한 식에서 $\hat{\rho}$은 u_{t-1}와 $u_t^{'}$의 상관계수 ρ의 추정량이며, 상관계수의 정의상 범위가 $-1 \le \rho \le 1$ 이므로 Durbin-Watson 통계량의 존재 범위는

$$0 \le d \le 4$$

이다. 따라서 만일 $\hat{\rho} \simeq 0$이면 $d \simeq 2$이며 이 경우 오차항의 자기상관이 없는 것으로 결론낸다. 그러나 d 통계량이 2와 차이가 크면(예: 0.17 또는 0.23) 자기상관 ($\rho \ne 0$)이 있는 것으로 의심할 수 있다. Drubin-Watson 통계량은 표본의 크기와 설명 변수의 의존하는 상한(du)과 하한(dr)값에 따라 양 또는 음의 상관 관계 존재 여부를 판단하는 방법도 있으나 실제 잘 사용되지는 않는다. 이 경우 시차 종속변수 등을 설명변수로 추가하여 자기상관 문제를 해소할 수 있다.

자기상관이 있는 경우 모형(3.35)를 추정한다고 하자. 이 모형의 GLS 추정을 위해 다음 과정에 따른다. 먼저 오차항이 (3.41)과 같이 AR(1) 과정을 따르는 경우 ρ를 알고 있을 때 모형 (3.35)에서 $\rho y_{t-1}(= \rho[\beta x_{t-1} + u_{t-1}])$를 양변에서 차감하여 정리하여 다음 식을 얻는다.

(3.42) $y_t^* = x_t^* + \epsilon_t$

이 식에서 새로운 종속변수는 $y_t^* \equiv y_t - \rho y_{t-1}$이며 새로운 설명변수는 $x_t^* \equiv x_t - \rho x_{t-1}$이다. 식 (3.42)에서 오차항 ϵ_t가 iid 조건을 만족시킨다고 가정

하면 이 모형에서 β의 OLS 추정량은 BLUE이다.

만일 식 (3.42)에서 모수 ρ를 모른다면 GLS 추정은 다음의 3단계로 진행한다. 첫째, 모형을 자기상관을 무시하고 OLS로 추정하여 $\hat{u}_t$을 얻는다.[25] 둘째, 이를 이용하여 식 (3.41)을 원용하여 모형

$$\hat{u}_t = \hat{\rho} \hat{u}_{t-1} + \tilde{\epsilon}_t$$

를 추정하여 ρ의 추정량 $\hat{\rho}$을 얻는다. 셋째, $\hat{\rho}$을 위의 변환된 식 (3.42)에 ρ 대신 대입하여 다음과 같이 변형한 다음 이를 추정하여 β의 OLS 추정량을 구한다.

$$y_t - \hat{\rho} y_{t-1} = \beta(x_t - \hat{\rho} x_{t-1}) + \tilde{\epsilon}_t$$

이와 같은 추정량을 적용 가능한 일반화 최소자승법(feasible generalized least square, FGLS)이라고 한다. FGLS는 표본수가 증가함에 따라 일정조건 만족시 일반화 최소자승법(GLS)과 동일한 추정량의 분산을 가진다.

한편 대표본에서는 OLS 추정량의 표준편차를 오차의 이분산성과 자기상관을 반영하여 교정한 Nexey-West HAC(heteroscedasticity and autocorrelation consistent) 표준편차를 이용하여 대체 사용하여 검정상의 문제만 해결할 수도 있다. 이 경우 OLS 추정량 자체는 FGLS의 경우와 달리 변하지 않는다. 그러나 표준편차가 달라지므로 t-값은 맞는 것으로 변화한다.

---

25) 자기상관이 있는 경우 OLS 추정량은 효율적 추정량은 아니나 일치성을 갖는 일치 추정량이다.

7 | 질적 종속변수모형
(Qualitative dependent variable)

본절은 회귀분석의 종속변수가 카테고리(범주)로 주어진 경우, 즉 질적인 경우를 분석한다. 이는 설명변수의 더미 개념을 종속변수로 확장한 경우이며, 일반적으로 종속변수 y가 양적(quantitative)인 경우와 비교된다.

가령 분당에서 서울 강남으로의 대중 교통수단별 수요의 결정요인을 분석하는 경우를 생각해 보자. 이용 가능한 교통수단으로는 지하철 또는 버스가 있다고 하자. 여타 설명변수 x로는 개인별 소득, 자가용 보유여부 더미 (보유시 1, 미보유시 0으로 표시) 등이 있을 수 있다. 이를 통하여 소득 증가 시 교통수단 중 버스 이용 가능성 변화 정도를 추정할 수 있으며 지자체에서 교통수단 확충 방안을 마련할 수 있다.

이 경우 종속변수는 양으로 나타낼 수 없으며 설명변수의 더미 변수와 같이 이 결과를 이용하여 지하철=1 또는 버스=0 등으로 데이터를 표시한다. 예를 들어 개인별 교통수단의 선택 자료는 아래와 같이 주어질 것이다.

개인 성명	교통수단 선택	소득	자가용 보유여부
홍길동	1	1억	0
심학규	0	5천만원	1
변학도	1	7천만원	1
이몽룡	0	2억원	0

이 경우 추정모형은 다음과 같이 주어진다.

(3.43) $y_i(0 \text{ 또는 } 1) = \beta X_i + u_i$

이 모형의 추정은 앞에서 소개한 우도극대화 추정을 하게 된다.[26] 즉 i 번째 표본의 사람이 지하철을 선택할 조건부 확률을 설명변수가 $X_i = x_i$로 주어질 때 $P(y_i = 1|X_i = x_i)$로 나타내면, 조건부 확률 함수는 통상 다음의 logistic distribution을 사용한다.

(3.44) $P(y_i = 1|X_i = x_i) = \dfrac{\exp(\beta x_i)}{1 + \exp(\beta x_i)}$

또는

$$P(y_i = 0|X_i = x_i) = \dfrac{1}{1 + \exp(\beta x_i)}.$$

이 경우 우도함수는 이러한 확률의 곱의 형태인 다음으로 정의된다.

$$\prod_{i=1}^{n} P(y_i = 1 \text{ 또는 } 0|X_i = x_i).$$

여기서 계수 β의 추정은 우도극대화(MLE, maximum likelihood estimation)로 이루어진다. 이를 Logit 모형이라 한다. Logistic distribution 대신에 다음의 표준 정규분포의 누적확률 분포를 추정모형에 사용하는 경우 Probit 모형이라고 한다.

$$P(y_i = 1|X_i = x_i) = \int_{-\infty}^{\beta x_i} \frac{1}{\sqrt{2\pi}} \exp\left(-\frac{z^2}{2}\right) dz$$

---

26) 개략적으로 표본이 관측될 확률(확률밀도함수에 의해 주어짐)을 극대화하는 모수를 모수의 추정량으로 선택하는 것이다. 정규분포 가정 시 OLS 추정량과 동일하다.

다만 Logit과 Probit 모형은 비슷한 추정결과를 가져오는 것으로 알려져 있다. 한편 β의 추정량 $\hat{\beta}$과 설명변수 x_i가 a로 주어졌을 때 버스 대신 지하철을 이용할 확률은 식 (3.44)에 따라 $\dfrac{\exp(\hat{\beta}a)}{1+\exp(\hat{\beta}a)}$로 주어진다. 소득과 같은 설명변수 a가 증가했을 때 이 확률의 증가분, 즉 한계효과(marginal effect)는 다음과 같이 주어진다.

$$\frac{\partial P(y_i = 1 | x_i = a)}{\partial a} = \hat{\beta} \frac{\exp(\hat{\beta} \cdot a)}{[1+\exp(\hat{\beta} \cdot a)]^2}$$

한편 종속변수의 범주가 2개 이상인 경우도 확장될 수 있으며 이를 다항 logit(multinomial logit)모형이라 한다. 예를 들어 교통수단으로 버스, 지하철 및 택시를 고려하는 경우이다. 이 모형의 추정방법은 주어진 설명변수에 대한 각 범주에 확률을 종속변수로 정의하여 우도극대화 모형을 이용하는 것으로 앞서 소개한 이항모형과 유사하다.

01 x_t는 정사면체를 던져 나오는 수로 $x_t \in (-2, -1, 1, 2)$라고 한다. $z_t \sim iid(0,1)$인 경우 $y_t = x_t^2 + z_t^2$이며 x_t와 z_t는 서로 독립이라고 한다. y_t를 βx_t로 예측 시 예측오차의 제곱의 기댓값을 최소화하는 β를 구하여라.

02 x_t는 정사면체를 던져 나오는 수로 $x_t \in (-2, -1, 1, 2)$라고 한다. $u_t \sim N(0,1)$ 인 경우 $y_t = x_t u_t^2$ 이며 x_t와 u_t는 서로 독립이라고 한다. 다음 물음에 답하여라.

1) y_t를 x_t로 βx_t 예측 시 예측오차의 제곱의 기댓값을 최소화하는 β를 구하여라.

2) x_t와 y_t 간의 상관계수를 구하라.

3) 1)번에서 구한 β 값의 최소값과 최대값을 구하라. (x_t와 y_t 간의 상관계수의 최소값과 최대값을 참조하라)

03 2022년 한국의 코로나확진자수 자료와 EXCEL을 이용하여 다음 작업을 수행하라.

1) 날짜를 X축 코로나확진자수를 Y축으로 하는 그래프를 그려라.

2) 날짜를 X축 로그 변환 코로나확진자수를 Y축으로 하는 그래프를 그려라.

3) 위의 그래프 1과 2 중 어느 것이 선형에 가까운가?

4) 1과 2 중 선형에 가까운 모형을 선택하여 $y_i = \beta x_i + u_i$와 같은 회귀모형을 구축하고 β를 OLS 추정치 $\hat{\beta}$ 을 구하라.

5) 위의 4)의 결과를 바탕으로 u_i의 분산 σ^2의 추정치 $\hat{\sigma}$를 구하라.

6) 위의 4)와 5)의 결과를 바탕으로 귀무가설 $H_0 : \beta = 0$에 대한 t-통계량을 구하라.

7) 6)의 결과를 바탕으로 β에 대한 95% 신뢰구간을 구하라. (인터넷에서 t-분포표를 찾아 기각역을 구하라)

04 다음의 예측 오차 제곱합을 최소화하는 α와 β를 구하는 과정에서 다음의 문제에 답하라.

$$Min_{\alpha, \beta} \sum_{i=1}^{n} u_i^2 = \sum_{i=1}^{n} (y_i - \alpha - \beta x_i)^2$$

1) 위의 최소화 문제를 풀기 위해 α와 β에 대해 각각 미분하여 0으로 놓는 1계 조건을 구하라.

2) 1)에서 구한 두 개의 α와 β에 대한 연립방정식을 풀어라. (이 해가 OLS 추정량이 된다.) $[\bar{x} = \sum_{i=1}^{n} x_i/n$ 및 $\bar{y} = \sum_{i=1}^{n} y_i/n$ 로 정의하라]

05 한국은행 경제통계시스템에서 국내총생산에 대한 지출(계절조정, 실질, 분기: 이를 소득으로 표시), 최종소비지출(계절조정, 실질, 분기: 이를 소비로 표시)의 자료를 2000년 1/4분기부터 2000년 4/4분기까지 구하라.

1) $c_i = \beta_0 + \beta_1 y_i + u_i$의 회귀모형을 생각하자. 여기서 c_i는 소비, y_i는 소득을 각각 나타낸다. β_0, β_1의 OLS 추정치와 표준편차 및 t값 및 R^2 값을 Eviews 등을 이용하여 구하라.

2) 소득이 1원 증가할 때 소비는 몇 원 증가하는가 ? 투자의 승수는 얼마로 추정되는가?

제 4 장

연립방정식 모형 (Simultaneous Equation Model)

계량
경제학
강의

"지혜는 하느님께서 주지 않으시면 달리 얻을 수 없음을 깨달았다."

〈지혜서: 8절 21〉

경제변수들은 서로 영향을 주고받는다. 이런 특성은 OLS 추정의 기본가정, 즉 설명변수가 오차항과 독립이라는 전제를 성립하지 않게 만든다. 본장에서는 연립방정식 모형에서 계수의 일치추정량을 얻는 방법을 소개한다.

1 | 내생성 편의

경제변수들은 서로 상관관계를 가지며 연결되어 있다.[1] 이에 따라 설명변수와 오차항이 서로 독립이라는 Gauss Markov 정리의 회귀분석의 가정은 위배되는 경우가 많다. 이 경우 통상의 OLS 추정량은 더 이상 표본수가 증가함에 따라 모수에 다가가는 일치추정량이 아니며 내생성 편의(endogeneoty bias)를 지닌다고 한다.

이 문제의 부분적인 해결 방법을 살펴보기 위하여 일치 추정량(consistent estimator)의 정의를 상기하자. 표본의 수 n이 커짐에 따라 추정량 $\widehat{\beta}_n$ 이 모수 β 에 접근할 확률이 1인 경우(converge in probability), 추정량 $\widehat{\beta}_n$은 모수 β의 일치추정량이며 $\widehat{\beta}_n \rightarrow_p \beta$로 표시한다.

한편 설명변수와 오차항이 서로 독립이어서 공분산이 0이면 OLS 추정량은 일치추정량이 된다. 다음의 OLS 추정량의 분해를 상기하자.

$$(4.1) \quad \hat{\beta} = n^{-1}\sum_{i=1}^{n} y_i x_i / n^{-1}\sum_{i=1}^{n} x_i^2$$
$$= \beta + n^{-1}\sum_{i=1}^{n} x_i u_i / n^{-1}\sum_{i=1}^{n} x_i^2$$

보통의 경우 위 식(4.1)의 분자와 분모의 표본 평균은 대수의 법칙에 따라 표본수가 증가함에 따라 각각

$$n^{-1}\sum_{i=1}^{n} x_i u_i \rightarrow_p E(x_i u_i) \equiv Cov(x_i, u_i)$$

---

[1] 연립방정식 모형은 수백개의 식으로 구성된 Klein model 등과 같이 경제예측이나 정부정책 효과 측정을 위해 많이 사용된다.

및

$$n^{-1} \sum_{i=1}^{n} x_i^2 \to_p E(x_i^2)$$

이 성립한다. 여기서 $E(x_i^2) \neq 0$ 을 가정하면 $\hat{\beta} \to_p \beta + E(x_i u_i)/E(x_i^2)$ 또는

(4.2) $\hat{\beta} \to_p \beta + Cov(x_i, u_i)/E(x_i^2)$

이 성립한다.[2] 따라서 OLS 추정량 $\hat{\beta}$이 일치 추정량이 되기 위한 조건은 식 (4.2)에서 $Cov(x_i, u_i) = 0$이다. 다시 말하여 설명변수와 오차항이 상관관계가 없어야 OLS 추정량은 일치추정량이 된다.

그러나 이 조건은 통상의 경제모형에서 만족시키기 어렵다.[3] 다음의 케인지언 소비함수의 추정의 예를 보기로 하자. 다음 식에서 한계소비 성향 β를 OLS로 추정하는 경우를 생각하여 보자.

(4.3) $C_i = \beta Y_i + u_i$

여기서 C_i는 소비, Y_i는 소득을 나타낸다. 그런데 정의상 소득의 구성은 소비와 투자(I_i)의 합으로 구성되어 있다고 가정하자.

(4.4) $Y_i = C_i + I_i$

식 (4.4)는 항상 성립하는 항등식이다.

여기서 방정식 (4.3)과 (4.4)는 C_i와 Y_i를 미지수로 하는 연립방정식이라고 할 수 있다. 이 두 변수를 시스템 내부에서 결정되는 내생변수(endogenous variables)라 한다. 반면 변수 I_i는 시스템 외부에서 결정되는 외생변수(exogenous

---

2) 이는 Eu_i라는 가정 때문이다.

3) 이런 현상은 의료데이터 등에서도 발생가능하다. 재미있는 우화에서 닭이 달걀을 낳느냐 거꾸로 달걀이 닭을 낳느냐 하는 논쟁과 유사하다.

variable)라 하며 식 (4.3)의 오차항 u_i와는 독립인 것으로 가정한다.

연립방정식 (4.3) 과 (4.4)를 내생변수 C_i와 Y_i에 대해 풀면 다음의 해가 주어진다.

$$(4.5) \quad C_i = \frac{\beta}{1-\beta}I_i + \frac{u_i}{1-\beta},$$

$$Y_i = \frac{1}{1-\beta}I_i + \frac{u_i}{1-\beta}$$

이를 축약형 모형(reduced form model) 이라고 하며 각각 외생변수와 오차항으로 구성되어 있다. 이는 내생변수가 설명변수로 포함된 연립방정식 구조형 모형(structural model)인 (4.3)과 (4.4)과 비교된다.

한편 구조모형식 (4.3)의 설명변수 Y_i는 오차항 u_i와는 축약형 모형 (4.5)으로부터 서로 독립이 아님을 보일 수 있다. 즉,

$$(4.6) \quad n^{-1}\sum_{i=1}^{n} Y_i u_i \rightarrow_P E(Y_i, u_i) = E[(\frac{1}{1-\beta}I_i + \frac{u_i}{1-\beta})u_i] = \frac{\sigma^2}{1-\beta} \neq 0$$

즉 소비함수 식 (4.3)에서 계수 β에 대한 OLS 추정량은 일치추정량이 아니며 (4.6)과 같이 내생성 편기(endogeneity bias)를 가진다. 이와 같은 내생성 편기는 경제모형에서 일반적인 문제이며 이를 회피하기 위한 이론적 연구가 광범위하게 이루어져 왔다.[4]

---

4) 이를 극복하는 방법을 제시한 공로는 Sims, Hansen 등에게 노벨상을 가져다 주었다.

2 | 도구변수 추정

내생성 편기를 해결하는 추정 방법은 도구변수 추정량(instrumental variable estimator)으로 알려져 있다. 이를 위하여 먼저 다음 조건을 만족시키는 도구변수 z_i의 존재를 가정한다.

(4.7) $n^{-1} \sum_{i=1}^{n} z_i u_i \rightarrow_p 0$ (직교 조건),

(4.8) $n^{-1} \sum_{i=1}^{n} z_i x_i \rightarrow_p non\,zero$

조건 (4.7)은 도구변수가 오차항과 상관관계가 없어야 함을 나타낸다. 반면 조건 (4.8)은 도구변수가 설명변수와 상관관계가 있어야 함을 나타낸다. 생각보다 이런 조건을 만족시키는 도구변수를 찾기가 힘들며 조건 (4.7)을 만족시키지만 조건 (4.8)을 약하게 만족(즉, 도구변수 z_i와 내생적인 설명변수 x_i와의 상관관계가 낮은 경우)시키는 경우 약한 도구변수(weak instruments)의 문제[5]가 있다고 한다. 약한 도구변수의 문제가 있으면 도구변수 추정량은 더 이상 일치추정량이 아니게 된다.

여기서 식 (4.1)의 계수 β의 추정은 다음의 직교조건을 만족시키는 β를 구하는 것이다.

(4.9) $n^{-1} \sum_{i=1}^{n} z_i u_i = n^{-1} \sum_{i=1}^{n} z_i (y_i - \beta x_i) = n^{-1} \sum_{i=1}^{n} z_i y_i - \beta n^{-1} \sum_{i=1}^{n} z_i x_i = 0$

---

5) 이를 평가하기 위해 x_i를 z_i에 회귀시킨 식에서 얻어지는 F통계량의 값이 작은 경우(예: 10) 보다 작은 경우 약한 도구변수의 문제가 있다고 판단하기도 한다.

위의 조건 (4.9)로부터 도구변수 추정량은 다음으로 주어진다.

$$(4.10) \quad \hat{\beta}_{iv} = \sum_{i=1}^{n} z_i y_i / \sum_{i=1}^{n} z_i x_i$$

조건 (4.7)과 (4.8)로부터 (4.10)의 도구변수 추정량은 다음과 같이 일치성을 가짐을 알 수 있다.

$$\hat{\beta}_{iv} = n^{-1} \sum_{i=1}^{n} y_i z_i / n^{-1} \sum_{i=1}^{n} z_i x_i$$

$$= \beta + n^{-1} \sum_{i=1}^{n} z_i u_i / n^{-1} \sum_{i=1}^{n} z_i x_i \rightarrow_p \beta$$

한편 (4.7)과 같은 직교조건을 식 (4.1)의 설명변수 x_i 자체가 만족시키는 경우, 즉 $n^{-1} \sum_{i=1}^{n} x_i u_i \rightarrow_p 0$인 경우 OLS 추정량의 도구변수는 x_i이다. 즉 OLS 추정량은 도구변수 추정량의 일종이다.

예제 4.1 식 (4.3)의 소비함수 추정에서 투자 I_i는 도구변수가 될 수 있음을 보여라.

풀이 이에 따른 도구변수 추정량은 다음으로 정의된다.

$$(4.11) \quad \hat{\beta}_{iv} = \sum_{i=1}^{n} I_i C_i / \sum_{i=1}^{n} I_i Y_i$$

왜냐하면 가정에 의해 투자는 외생변수이며 따라서 직교조건 $n^{-1} \sum_{i=1}^{n} I_i u_i \rightarrow_p 0$이 만족되며 $n^{-1} \sum_{i=1}^{n} I_i Y_i \rightarrow_p \dfrac{E(I_i^2)}{1-\beta} \neq 0$이기 때문이다. 이에 따라 (4.11)의 도구변수 추정량은 다음과 같이 일치성을 갖는다.

$$\hat{\beta}_{iv} = \beta + n^{-1} \sum_{i=1}^{n} I_i u_i / n^{-1} \sum_{i=1}^{n} I_i Y_i \rightarrow_p \beta$$

다음의 외환시장의 수요 공급 곡선으로 구성된 연립 방정식 모형을
생각하자.

(4.12) $p = \alpha_1 q + \alpha_2 IM + u_1$: 수요곡선

(4.13) $p = \beta_1 q + \beta_2 X + u_2$: 공급곡선

여기서 p는 환율, q는 외환거래량, IM는 수입, X는 수출이라고 하
자. 식 (4.12)와 (4.13)의 OLS 추정량은 일치성을 가지는가를 살펴
보자.

그림 4.1 X의 변동에 의한 공급곡선의 이동과 수요곡선의 식별

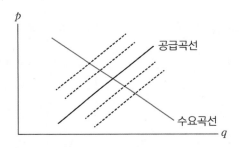

여기서 IM와 X는 외생변수, p와 q는 내생변수라고 가정한다. 그
런데 식이 2개이고 내생변수가 2개이므로 내생변수들을 이들 외생
변수와 오차항들로 풀 수 있다.[6] 예를 들어 식 (4.12)와 (4.13)을 내
생변수 q에 대해 풀면 다음의 해(또는 축약형 모형)가 주어진다.

(4.14) $q = \dfrac{-\beta_2 X + \alpha_2 IM + u_1 - u_2}{\beta_1 - \alpha_1}$

---

6) 내생과 외생변수의 구분은 충분히 자의적일 수 있다. 이는 연립방정식 모형 추정의 비판의
대상(Sims, 1980)이 되고 있다. 외생변수는 시차변수 등이 후보가 된다.

$$p = \frac{-\alpha_1\beta_2 X + \alpha_2\beta_1 IM + \beta_1 u_1 - \alpha_1 u_2}{\beta_1 - \alpha_1}$$

여기에서 우리는 환율 p와 외환거래량 q와 오차항들 간의 공분산이 0이 아님을 다음과 같이 확인할 수 있다.

$$(4.15) \quad E(pu_1) = \frac{\beta_1 E(u_1^2)}{\beta_1 - \alpha_1} \quad \text{및} \quad E(qu_2) = \frac{-\alpha_1 E(u_2^2)}{\beta_1 - \alpha_1}$$

$$E(qu_1) = \frac{E(u_1^2)}{\beta_1 - \alpha_1} \quad \text{및} \quad E(qu_2) = \frac{-E(u_2^2)}{\beta_1 - \alpha_1}$$

이에 따라 식 (4.12)와 (4.13)의 계수들에 대한 OLS 추정량은 일치성을 갖지 않는다.

한편 식 (4.13)의 계수들에 대한 도구변수 추정량은 다음 두 개의 직교조건

$$n^{-1}\sum_{i=1}^{n} X_i u_{2i} = 0$$

및

$$n^{-1}\sum_{i=1}^{n} IM_i u_{2i} = 0$$

을 만족시키는 β_1과 β_2를 다음 연립방정식을 통해 얻는다.

$$(4.16) \quad n^{-1}\sum_{i=1}^{n}(p_i - \beta_1 q_i - \beta_2 X_i)X_i = 0$$

$$(4.17) \quad n^{-1}\sum_{i=1}^{n}(p_i - \beta_1 q_i - \beta_2 X_i)IM_i = 0$$

한편 이러한 추정을 위한 모수의 식별을 위한 필요조건[7]은 추정 대상 방정식 외의 다른 식에 존재하는 (그래서 도구변수로 쓰일 수 있는) 외생변수의 수가

적어도 방정식 내의 내생변수의 수보다 같거나 (적도식별) 많아야 (과다 식별) 한다는 것이다. 나머지 경우 식별되지 않는다고 한다. 이런 의미에서 [예제 4.2]의 수요곡선과 공급곡선은 적도식별되고 있다. 이는 추정해야 할 각 식의 내생설명변수의 수가 모두 2이며 해당식에 포함되지 않는 외생변수의 수도 1이기 때문이다.

그림 4.1은 (p, q)평면에서 공급곡선이 외생변수 X의 이동에 따라 움직이면서 생기는 수요곡선과의 교점들을 연결하면 수요곡선의 형태가 드러나는 것을 보여주고 있다. 이 점이 수요곡선의 식별(identification)의 본질이다.

역으로 수요곡선이 외생변수 IM의 이동에 따라 움직이면서 공급곡선이 식별될 수 있다.

예제 4.3 다음과 같은 연립방정식 모형을 생각하자. 여기서 변수 p, q, r은 내생이고 변수 X, G, K, M는 외생이라고 한다. 각각의 식에 대한 식별여부를 파악하라.

$$p = \alpha_1 q + \alpha_2 r + \alpha_3 X + \alpha_4 K + u_1$$
$$p = \beta_1 q + \beta_2 X + \beta_3 G + \beta_4 M + u_2$$
$$p = \gamma_1 q + \gamma_2 K + u_3$$

풀이 첫째 식은 내생인 설명변수가 q, r 등 두 개이고 식에 포함되지 않은 외부의 외생변수가 G, M 둘이므로 적도식별된다. 둘째 식은 내생인 설명변수가 q 하나이고 식에 포함되지 않은 외부의 외생변수가 K 하나이므로 적도식별된다. 셋째 식은 내생인 설명변수가 q 하나이고 식에 포함되지 않은 외부의 외생변수가 X, G, M 셋이므로 과다식별된다.

한편 모형이 과다 식별되는 경우 선택되는 도구변수에 따라 모수의 추정량이 유한한 표본의 경우 달라지게 된다. 예를 들어 [예제 4.3]의 셋째 식은 내생인 설명변수가 q, r 등 두 개이고 식에 포함되지 않은 외부의 외생변수가 X, G, M 셋이므로 과다식별된다. 이에 따라 X, G, M 세 개의 외생변수 중 임의의 두 개

---

7) 모수의 식별을 위한 충분조건은 좀 더 복잡한 형태를 가지게 된다.

를 선택하여 식 (4.16) 및 (4.17)과 같이 직교조건을 구성한 후 두 개의 모수 γ_1 와 γ_2를 일치 추정할 수 있다. 이에 따라 도구변수로 사용하기 위한 외생변수 선택은 (X, G), (G, M), (X, M) 등 세 개가 가능해진다.

이와 같은 여건하에서 세 개의 외생변수를 모두 효율적으로 사용하는 추정방법이 2단계 최소자승법(2SLS, Two stage least square)으로 알려진 것이다. 2단계 최소자승법을 [예제 4.3]의 셋째 식을 예로 들어 추정하는 순서를 설명하면 이는 다음과 같은 2단계로 이루어진다.

첫째, 내생인 설명변수 q를 세 개 방정식으로 구성된 모형 내의 모든 외생변수 즉 K, X, G, M에 대해 OLS 추정을 한다.

$$(4.18) \quad q = \delta_1 X + \delta_2 G + \delta_3 M + \delta_4 K + v$$

이를 통하여 q에 대한 추정치를 다음과 같이 구한다.

$$(4.19) \quad \hat{q} = \hat{\delta_1} X + \hat{\delta_2} G + \hat{\delta_3} M + \hat{\delta_4} K$$

이렇게 얻은 $\hat{q}$은 외생변수만의 함수이므로 표본수가 증가함에 따라 점근적으로 [예 4.3]의 셋째 식의 오차항 u_3와 상관관계가 없으며 따라서 도구변수로의 자격이 있다.

둘째, $\hat{q}$을 식 [예제 4.3]의 셋째 식의 내생변수 q 대신에 집어넣어 식을 다음과 같이 변형시킨 후 OLS 추정을 한다.

$$(4.20) \quad p = \gamma_1 \hat{q} + \gamma_2 K + u_3$$

이를 통하여 모수 γ_1와 γ_2의 일치 추정량을 얻을 수 있다. 2SLS 추정은 도구변수 (외생변수) K, X, G, M를 이용하여 얻을 수 있는 모수 γ_1와 γ_2의 가장 효율적인 (분산이 가장 작다는 의미에서) 추정량임을 보일 수 있다.[8]

---

8) 2SLS 추정량의 분산은 정규성가정하에 제한된 정보하의 우도추정량(Limited Information Maximum Likelihood, LIML estimation)의 분산과 동일함을 보일 수 있다. 여기서 제한된 정보라는 의미는 식 (4.18)에서 이용하는 식이 축약식이라는 의미이다. 만일 모든 모형 내의

한편 적도식별인 경우 2SLS 추정은 도구변수 추정과 동일한 추정량임을 보일 수 있다.

구조식을 모두 이용하여 추정하는 방법은 3SLS(Three Stage Least Square) 또는 FIML(Full Information Maximum Likelihood) 추정이라 하며 정확한 구조 모형이 알려진 경우 이를 통한 추정량은 2SLS나 LIML 추정보다 분산이 작다.

01 다음 연립 방정식 구조 모형과 자료를 보고 아래 물음에 답하여라.

$C_i = \beta Y_i + u_i$ (소비함수)

$Y_i = C_i + I_i + G_i$ (소득 항등식)

여기서 C_i = 소비, Y_i = 소득, u_i = 오차항, I_i = 투자 및 G_i = 정부지출을 각각 나타낸다. 소비 및 소득은 내생변수 투자와 정부지출은 외생변수로 가정한다.

통계 자료

연도	소비(C)	투자(I)	정부지출(G)	소득(Y)
2000	1	0	2	1
2001	0	1	2	1
2002	1	0	1	2
2003	0	1	1	3

1) 소비함수는 식별되고 있는가?

2) 투자를 도구변수로 이용하여 소비함수 β의 OLS 및 도구변수 (IV) 추정량을 구하여라. IV 추정량은 OLS 추정량에 비해 어떤 장점이 있는가?

3) 소비함수 β의 2단계 최소자승추정(TSLS)을 하는 방법을 설명하라.

제 5 장

시계열 분석

1 시계열 분석과 예측
2 불안정 시계열 모형

계량
경제학
강의

"당신께서 원하지 않으셨다면 무엇이 존속할 수 있었으며 당신께서 부르지 않으셨다면 무엇이 그대로 유지될 수 있었겠습니까?"

〈지혜서: 11절 25〉

현재의 경제변수는 과거의 경제변수들과 밀접한 상관관계를 가진다. 이는 해당변수의 예측이나 동태분석에 활용될 수 있다. 이를 시계열 분석이라 하며 이번 장의 학습주제이다.

1 | 시계열 분석과 예측

경제변수들은 과거자료가 미래자료를 일정부분 설명하는 방식으로 시간적으로 서로 (관성적으로) 연결되어 있다. 이는 마치 기온이 시간적으로 서로 연결되어 있는 것과 유사하다. 또한 어제의 환율은 1년 전 환율보다 지금의 환율과 유사하다. 이러한 시간적 연결의 규칙성은 특히 성장률 같은 경제예측에 매우 유용하게 쓰일 수 있다. 아래의 주가그래프(KOSPI) 역시 이런 시간적 추세를 보여주고 있다.

그림 5.1 연도별 로그변환 주가지수 그래프

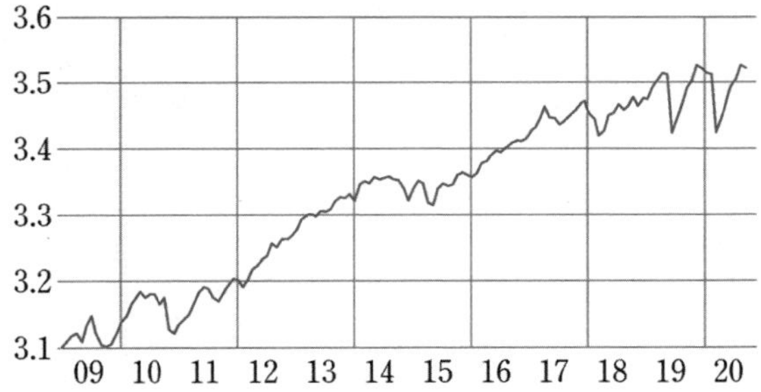

회귀모형의 설명변수가 종속변수의 시차 변수(lagged) 또는 오차항의 시차변수를 포함하는 경우를 시계열 모형(time series model)이라 한다. 시계열 모형은 경제변수의 장단기예측에 우수한 성과를 보이는 것으로 알려져 있으며 90년대 이후 엄청난 계량경제학 이론적 발전을 이끌었다. 이는 단순한 통계이론발전에 그치지 않고 거시경제이론의 전개에도 공헌을 하고 있다.

다음 장에서는 시계열 모형의 구체적 응용에 대해 학습하기로 한다.

(1) 자기회귀 모형

먼저 회귀모형에서 시차 종속변수만이 설명변수가 되는 자기회귀 모형 (autoregressive model, AR로 표시)을 설명한다. 첫째, 상수항(μ)을 가지고 시차변수가 하나인 AR(1)인 다음의 경우를 고려하자.[1]

(5.1) $\quad y_t = \mu + \beta y_{t-1} + u_t$

여기서 u_t는 기댓값이 0이고 분산이 σ^2인 독립 동일분포(iid)인 것으로 가정한다.

우선 (5.1)과 같은 모형은 OLS로 일치 추정할 수 있다. 이는 설명변수 y_{t-1}이 오차항 u_t와 상관관계가 없기 때문이다. 이를 보이기 위해 식 (5.1)은 다음과 같이 시차종속변수 $y_{t-1} = \mu + \beta y_{t-2} + u_{t-1}$를 식 (5.1)의 설명변수항에 대입하고 정리하면 다음과 같이 쓸 수 있다.

(5.2) $\quad y_t = \mu + \beta\mu + \beta^2 y_{t-2} + u_t + \beta u_{t-1}$

이런 대체과정을 t번 반복하면 상수항과 시차 오차항들의 합으로 다음과 같이 정리하여 쓸 수 있다.

(5.3) $\quad y_t = y_0 + \sum_{i=0}^{t} \beta^i (\mu + u_{t-i}).$

식 (5.3)을 무한히 반복한 형태로 표시하면 다음과 같다.

(5.4) $\quad y_t = \sum_{i=0}^{\infty} \beta^i (\mu + u_{t-i})$

y_t에 대한 식 (5.4)와 같은 표현은 예를 들어 y_t가 환율이라면 모든 과거 환

---

[1] AR(1) 모형은 주가, 환율, GDP 등 자산 가격과 경제변수를 잘 설명하는 모형으로 알려져 있다. 특히 예측 성과에 있어서 단기적으로 연립방정식을 이용한 모형에 뒤지지 않는다는 실증분석결과가 많이 있다.

율에 대한 충격의 합으로 환율을 나타낼 수 있다는 뜻이 된다.[2]

그런데 위 식 (5.1)에서의 시차설명변수에 대한 식 (5.4)를 이용한 표현 $y_{t-1} = \sum_{i=0}^{\infty} \beta^i (\mu + u_{t-1-i})$은 오차항 u_t를 포함하지 않는다. 그런데 u_t는 기댓 값이 0이고 분산이 σ^2인 독립 동일분포(iid)인 것으로 가정하므로 식 (5.1)의 설명변수 y_{t-1}이 오차항 u_t와 상관관계가 없다. 따라서 OLS 추정량은 일치성을 갖는다. 다음 표는 AR 모형의 추정례이다.

주가의 AR(3) 모형의 추정사례
(SIGMASQ는 오차항표준편차의 추정치임)

Variable	Coefficient	Std. Error	t-Statistic	Prob.
C	3.321208	0.163161	20.35544	0.0000
AR(1)	1.059349	0.075817	13.97241	0.0000
AR(2)	−0.140676	0.114781	−1.225608	0.2225
AR(3)	0.077195	0.085195	0.906092	0.3665
SIGMASQ	0.000278	1.97E−05	14.13948	0.0000

R−squared	0.982688	Mean dependent var		3.332511
Adjusted R−squared	0.982178	S.D. dependent var		0.127239
S.E. of regression	0.016986	Akaike info criterion		−5.243990
Sum squared resid	0.039239	Schwarz criterion		−5.139424
Log likelihood	374.7013	Hannan−Quinn criter.		−5.201498
F−statistic	1929.917	Durbin−Watson stat		2.014913
Prob(F−statistic)	0.000000			
Inverted AR Roots	1.00	.03+.28i		.03−.28i

AR 모형 (5.1)은 시차항을 이용하여 미래경제변수의 예측에 사용될 수 있다. 예를 들어 t기에 t기까지의 정보를 이용하여 변수 y_{t+1}을 예측한다고 가정하자. y_{t+1}은 모형 (5.1)에 따르면 다음과 같이 쓸 수 있다.

---

2) 이를 후술하는 MA(∞) 모형이라고 부른다.

(5.5) $y_{t+1} = \mu + \beta y_t + u_{t+1}$

일반적인 예측에서 p_t가 y_{t+1}의 예측치일 때 예측 오차는 $y_{t+1} - p_t$으로, 예측오차분산은 $E(y_{t+1} - p_t)^2$으로 주어진다. p_t의 예로는 y_t일 수도 있다. 그런데 y_{t+1}을 t기에 예측하는 데 있어 식 (5.1)의 계수 μ와 β가 알려진 경우[3] 예측오차분산을 최소화하는 최적예측은 다음과 같이 t기 자료를 이용한 조건부 기댓값(conditional expectation, $E_t(\cdot)$로 표시)으로 주어지는 것을 보일 수 있다.

(5.6) $E_t(y_{t+1}) = \mu + \beta y_t$

여기서 가정에 의해 $E_t(u_{t+1}) = 0$이다. (5.6)과 같은 경우 예측 오차는

$$y_{t+1} - E_t(y_{t+1}) = u_{t+1}$$

로 주어지며 예측 오차 분산은 σ^2로 주어진다. 여기서 최적 예측의 의미는 t기의 정보를 이용한 y_{t+1}에 대한 어떤 다른 예측 방법보다 예측오차의 분산이 가장 작다는 의미에서이다. 예를 들어 y_t만을 이용한 예측이나 또는 $\frac{1}{2}(y_t + y_{t-1})$ 등과 같은 다른 어떤 예측 방법에 비해 조건부 기대값 (5.6)이 더 우수하다는 것이다.

(5.6)과 같은 예측방법은 1기는 이후의 변수 y_{t+k} (k=2,3,4,...)의 예측으로 일반화 될 수 있다. 이를 위하여 식 (5.5)는 k번 반복 대체를 통해 다음과 같이 쓴다.

(5.7) $y_{t+k} = \mu + \beta\mu + ... + \beta^{k-1}\mu + \beta^k y_t + u_{t+k} + \beta u_{t+k-1} + ... + \beta^{k-1}u_{t+1}$

예를 들어 식 (5.5)를 이용하여 $y_{t+1} = \mu + \beta y_t + u_{t+1}$이므로 이를 $y_{t+2} = \mu + \beta y_{t+1} + u_{t+2}$의 우측항에 대입하고 정리하는 식이다.

따라서 식 (5.7)을 이용하여 y_{t+k}에 대한 t기의 조건부 기댓값은 다음과 같

---

3) 모수가 알려지지 않은 경우에는 식 (5.5)의 OLS를 통해 추정하여 사용한다.

이 주어진다.

(5.8) $E_t y_{t+k} = \mu + \beta\mu + \ldots + \beta^{k-1}\mu + \beta^k y_t$

여기서 식 (5.8)의 유도에 $E(u_{t+k} + \beta u_{t+k-1} + \ldots + \beta^{k-1}u_{t+1}) = 0$이 성립한다는 사실을 이용하였다. 이에 따라 예측식 (5.8)의 예측 오차는

(5.9) $y_{t+k} - E_t y_{t+k} = u_{t+k} + \beta u_{t+k-1} + \ldots + \beta^{k-1}u_{t+1}$

로 주어지며 예측오차 분산은 오차항 $\{u_t\}$의 iid 과정 가정하에 다음으로 주어진다.

$$E[y_{t+k} - E_t y_{t+k}]^2 = \sigma^2[1 + \beta^2 + \ldots + \beta^{2(k-1)}]$$

한편 시계열 모형분석에서 중요한 개념 중의 하나가 충격반응(impulse response)의 분석이다. 이는 오차항 u_t의 증가가 미래의 y_{t+k}에 어느 정도의 영향을 미치는가를 평가하는 것이다. 이는 식 (5.8)에 따르면 다음과 같이 주어진다.[4]

(5.10) $\dfrac{\partial y_{t+k}}{\partial u_t} = \beta^k$: $k = 1,\ 2,\ 3,\ \cdots$

식 (5.10)을 충격반응함수라고 한다. 다음 그래프는 주가차분의 충격반응함수를 나타낸 것이다. 여기서 점선은 95% 신뢰구간을 나타낸다.

---

4) 예를 들어 통화정책 충격이 발생한 후에 환율이 시간의 흐름에 따라 반응하는 정도를 나타낸다. 이를 통하여 시간의 흐름에 따른 환율의 오버슈팅 효과의 존재 여부를 파악할 수도 있다.

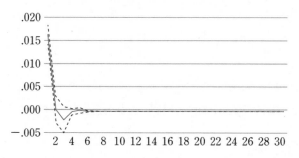

그림 5.2 주가차분의 충격반응함수

한편 모형 (5.1)에서 y_t의 비조건부 기댓값과 분산을 구할 수 있다. 비조건부 기댓값은 특정 시기까지의 정보가 없는 상태[5])에서의 y_t의 (평균적인) 기댓값을 의미한다.

식 (5.3)으로부터 $|\beta| < 1$인 경우 u_t가 iid이므로 y_t의 비조건부 기댓값은 수렴하는 무한 등비수열의 합의 공식을 이용하여 다음과 같이 주어진다.

$$E(y_t) = E[\sum_{i=0}^{\infty} \beta^i (\mu + u_{t-i})] = \mu \sum_{i=0}^{\infty} \beta^i = \frac{\mu}{1-\beta}$$

또한 y_t의 비조건부 분산은 식 (5.3)으로부터 $|\beta| < 1$인 경우 다음과 같이 주어진다.

(5.11) $Var(y_t) = E(y_t - Ey_t)^2$
$$= E(\sum_{i=0}^{\infty} \beta^i u_{t-i})^2 = \sigma^2 \sum_{i=0}^{\infty} \beta^{2i} = \frac{\sigma^2}{1-\beta^2}$$

한편 y_t와 이외 k번 시차항인 y_{t-k}의 공분산인 자기공분산(autocovariance)은 식 (5.3)으로부터 다음으로 주어진다.

---

5) 조건부 기댓값은 특정 시기(예: $t-1$기)까지의 정보가 있는 상태에서의 y_t의 기댓값을 의미한다.

$$(5.12) \quad Cov(y_t, y_{t-k}) = E\left(\sum_{i=0}^{\infty} \beta^i u_{t-i} \times \sum_{i=0}^{\infty} \beta^{k+i} u_{t-k-i}\right) = \beta^k \frac{\sigma^2}{1-\beta^2}$$

따라서 $|\beta| < 1$인 경우 이 자기공분산은 두 변수 간의 거리 k가 커질수록 작아진다. 한편 이 공분산을 (5.11)의 y_t의 비조건부 분산으로 나눈 것을 자기상관계수(auto-correlation)[6]라고 하며 다음과 같이 정의된다.

$$(5.13) \quad \rho_k \equiv \frac{Cov(y_t, y_{t-k})}{Var(y_t)} = \beta^k$$

그런데 식 (5.13)에서 k가 증가함에 따라 자기상관계수가 줄어드는 정도는 β의 크기에 반비례함을 알 수 있다. 그러나 $\beta = 1$이면 자기상관계수는 1로 k가 증가함에 따라 전혀 줄어들지 않게 되는데 이 경우 '단위근을 가진다'라고 하며 통계분석에 어려움을 제기한다. 이 단위근 문제는 대부분의 경제변수들에 나타나며 다음 절에서 좀 더 자세하게 다룬다.

한편 y_t와 시차 y_{t-k}의 편자기상관계수(partial auto-correlation)는 y_t와 시차 y_{t-i+1} $(i=2,..,k-1)$까지의 자기상관계수의 영향력을 제외한 y_t와 시차 y_{t-k} 양자만의 자기상관계수를 나타낸다. 이는 y_t와 시차설명변수 y_{t-1}, y_{t-2},..., y_{t-k} 간의 OLS 추정으로부터 계산된다.

다음 페이지 그림과 표는 우리나라 주가와 그 차분의 자기상관계수(AC)와 편자기상관계수(PAC)를 보여주고 있다. 여기서 마지막 열의 p-값은 'k기까지의 자기상관계수가 모두 0'이라는 귀무가설을 검정하는 다음과 같은 Ljung-Box Q-통계량(T는 표본의 수)에 상응한다.

$$Q_{LB,k} \equiv T(T+2) \sum_{i=1}^{k} \frac{\rho_k^2}{T-j}$$

$Q_{LB,k}$는 귀무가설하에서 χ_k^2의 분포를 한다.

여기서 주가는 시간 경과에 따라 서서히 줄어드는 형태의 AR 모형의 자기상관계수의 형태를 보여 주고 있다.

---

6) 자기상관계수 역시 상관계수이며 따라서 −1에서 1 사이의 범위를 갖는다.

AR 모형 형태의 주가에 대한 자기상관계수 등 추정결과

Date: 04/21/22   Time: 14:51

Sample: 2009M01 2020M09

Included obserations: 141

Autocorrelation	Partial Correlation		AC	PAC	Q-Stat	Prob
		1	0.972	0.972	136.06	0.000
		2	0.943	−0.024	265.15	0.000
		3	0.919	0.062	388.55	0.000
		4	0.898	0.044	507.20	0.000
		5	0.880	0.052	621.99	0.000
		6	0.867	0.097	734.37	0.000
		7	0.859	0.083	845.44	0.000
		8	0.840	−0.188	952.34	0.000
		9	0.818	−0.024	1054.6	0.000
		10	0.790	−0.140	1150.6	0.000
		11	0.761	−0.046	1240.4	0.000
		12	0.736	0.048	1325.1	0.000
		13	0.716	0.013	1405.9	0.000
		14	0.699	0.021	1483.5	0.000
		15	0.686	0.078	1558.8	0.000
		16	0.672	−0.003	1631.7	0.000
		17	0.650	−0.110	1700.4	0.000
		18	0.626	0.027	1764.7	0.000
		19	0.605	−0.002	1825.1	0.000
		20	0.584	0.006	1881.9	0.000
		21	0.565	−0.023	1935.5	0.000
		22	0.547	−0.039	1986.2	0.000
		23	0.526	−0.120	2033.5	0.000
		24	0.501	−0.027	2076.8	0.000
		25	0.477	−0.020	2116.3	0.000
		26	0.452	−0.002	2152.0	0.000
		27	0.427	−0.011	2184.3	0.000
		28	0.405	0.021	2213.6	0.000
		29	0.386	0.006	2240.5	0.000
		30	0.370	0.076	2265.4	0.000
		31	0.354	0.004	2288.4	0.000
		32	0.335	−0.054	2309.1	0.000
		33	0.312	−0.011	2327.3	0.000
		34	0.289	−0.047	2343.1	0.000
		35	0.266	−0.050	2356.5	0.000
		36	0.244	−0.016	2367.9	0.000

주가(SP) 편자기상관계수의 OLS 추정
($k=5$인 경우, AR(5) 모형의 경우) 추정결과

Variable	Coefficient	Std. Error	t-Statistic	Prob.
C	0.042945	0.038430	1.117497	0.2658
SP(-1)	0.982001	0.085713	11.45686	0.0000
SP(-2)	-0.116668	0.121685	-0.958769	0.3395
SP(-3)	-0.006500	0.122264	-0.053161	0.9577
SP(-4)	-0.064005	0.122024	-0.524523	0.6008
SP(-5)	0.193580	0.086600	2.235337	0.0271

R$-$squared	0.982763	Mean dependent var	3.340317
Adjusted R$-$squared	0.982100	S.D. dependent var	0.122704
S.E. of regression	0.016417	Akaike info criterion	-5.337926
Sum squared resid	0.035036	Schwarz criterion	-5.209426
Log likelihood	368.9789	Hannan$-$Quinn criter.	-5.285707
F$-$statistic	1482.387	Durbin$-$Watson stat	2.025509
Prob(F$-$statistic)	0.000000		

한편 위에서 분석한 AR(1) 모형은 다음의 AR(p) 모형으로도 확장할 수 있다.

(5.14) $y_t = \beta_1 y_{t-1} + \beta_2 y_{t-2} + ... + \beta_p y_{t-p} + u_t$

(2) 이동평균모형

다음으로 이동평균 모형(moving average, MA)을 설명한다. 다음의 MA(1) 모형은 iid이며 기댓값이 0인 오차항 들만의 선형결합으로 다음과 같이 주어진다.

(5.15) $y_t = \theta u_{t-1} + u_t$

위의 식 (5.15)는 $u_t = y_t - \theta u_{t-1}$와 같이 쓴 후 오차항을 연속으로 대체하여 다음과 같이 시차 y_t들의 합으로 쓸 수 있다. 이 모형은 $AR(\infty)$의 형태를 지닌다.

$$(5.16) \quad u_t = \sum_{i=0}^{\infty}(-\theta)^i y_{t-i}$$

한편 식 (5.15)에서 y_t의 기댓값은 0이다. 또 y_t의 비조건부 분산과 자기공분산은 시차식 $y_{t-k} = \theta u_{t-k-1} + u_{t-k}$를 이용하여 다음과 같이 구할 수 있다.

$$(5.17) \quad Var(y_t) = \sigma^2(1+\theta^2),$$

$$Cov(y_t, y_{t-1}) = \theta\sigma^2,$$

$$Cov(y_t, y_{t-k}) = 0; \quad k=2,3,\ldots$$

이 자기공분산을 y_t의 분산으로 나눈 자기상관계수는 다음과 같이 주어진다.

$$(5.18) \quad \rho_1 = \frac{\theta}{1+\theta^2}$$

$$\rho_k = 0 ; \quad k=2,3,\ldots$$

이러한 MA(1) 모형의 자기상관계수는 2기 이후에는 0이 되며[7] 이와 같은 단속성은 서서히 오랫동안 줄어드는 AR(1) 모형의 자기상관계수와 다른 형태를 지닌다.

다음 주가 차분에 대한 그래프는 (MA 모형의) 자기상관계수의 형태를 보여 주고 있다.

---

7) 이를 일반화시키면 MA(q) 모형의 자기상관계수는 q기 이후에는 0이 된다.

MA 모형 형태의 자기상관계수

Autocorrelation	Partial Correlation		AC	PAC	Q-Stat	Prob
		1	0.025	0.025	0.0928	0.761
		2	−0.109	−0.109	1.7973	0.407
		3	−0.138	−0.134	4.5538	0.208
		4	−0.175	−0.186	9.0058	0.061
		5	−0.092	−0.129	10.264	0.068
		6	−0.078	−0.156	11.163	0.083
		7	0.007	−0.092	11.170	0.131
		8	0.002	−0.117	11.171	0.192
		9	0.293	0.219	24.220	0.004
		10	0.031	−0.033	24.363	0.007
		11	−0.125	−0.110	26.786	0.005
		12	−0.101	−0.078	28.378	0.005
		13	−0.071	−0.034	29.162	0.006
		14	−0.002	−0.027	29.163	0.010
		15	0.155	0.153	32.991	0.005
		16	0.117	0.096	35.189	0.004
		17	−0.064	−0.048	35.843	0.005
		18	−0.017	−0.063	35.893	0.007
		19	−0.060	−0.036	36.477	0.009
		20	−0.092	−0.025	37.870	0.009
		21	−0.070	−0.039	38.690	0.011
		22	−0.034	−0.059	38.882	0.015
		23	0.046	−0.019	39.242	0.019
		24	0.120	−0.032	41.698	0.014
		25	0.076	−0.048	42.685	0.015
		26	−0.041	−0.020	42.973	0.019
		27	−0.062	−0.021	43.645	0.022
		28	−0.067	−0.054	44.442	0.025
		29	−0.038	−0.039	44.701	0.031
		30	−0.010	−0.055	44.720	0.041
		31	0.004	−0.066	44.722	0.053
		32	0.039	−0.026	44.996	0.063
		33	0.015	−0.060	45.036	0.079
		34	0.062	0.022	45.755	0.086
		35	−0.010	−0.008	45.775	0.105
		36	−0.077	−0.065	46.903	0.105

주가차분의 MA(3) 추정결과

Variable	Coefficient	Std. Error	t-Statistic	Prob.
C	3.332127	0.013432	248.0711	0.000
MA(1)	1.477222	0.067615	21.84748	0.000
MA(2)	1.362185	0.085964	15.84606	0.000
MA(3)	0.778774	0.072705	10.71146	0.000
SIGMASQ	0.001170	0.000137	8.566403	0.000

R−squared	0.927191	Mean dependent var	3.332511
Adjusted R−squared	0.925050	S.D. dependent var	0.127239
S.E. of regression	0.034834	Akaike info criterion	−3.812376
Sum squared resid	0.165026	Schwarz criterion	−3.707810
Log likelihood	273.7725	Hannan−Quinn criter.	−3.769884
F−statistic	432.9769	Durbin−Watson stat	1.039322
Prob(F−statistic)	0.000000		
Inverted MA Roots	−.28−.88i	−.28+.88i	−.92

한편 MA(1) 모형은 q개의 시차 오차항을 가진 다음의 MA(q) 모형으로도 일반화할 수 있다.

$$y_t = \theta_1 u_{t-q} + \theta_2 u_{t-1} + \dots + \theta_{q-1} u_{t-1} + u_t$$

마지막으로 이들 모형은 AR시차항이 p이고 MA 시차항이 q인 ARMA(p, q)으로도 확장할 수 있다.

$$y_t = \beta_1 y_{t-1} + \beta_2 y_{t-2} + \dots + \beta_p y_{t-p} + u_t + \theta_1 u_{t-1} + \dots + \theta_q u_{t-q}$$

ARMA(2,1) 추정결과

Variable	Coefficient	Std. Error	t-Statistic	Prob.
C	3.319815	0.462422	7.179184	0.0000
AR(1)	1.703539	0.806802	2.111472	0.0366
AR(2)	-0.704318	0.804475	-0.875501	0.3828
MA(1)	-0.761137	0.760726	-0.962580	0.3375
SIGMASQ	0.000279	2.64E$-$05	10.57794	0.0000

R$-$squared	0.982627	Mean dependent var	3.332511
Adjusted R$-$squared	0.982116	S.D. dependent var	0.127239
S.E. of regression	0.017016	Akaike info criterion	-5.240153
Sum squared resid	0.039378	Schwarz criterion	-5.135587
Log likelihood	374.4308	Hannan$-$Quinn criter.	-5.197661
F$-$statistic	1923.013	Durbin$-$Watson stat	1.800325
Prob(F$-$statistic)	0.000000		
Inverted AR Roots	1.00	.71	
Inverted MA Roots	.76		

여기서 ARMA(p, q) 모형의 시차 p, q를 어떻게 정할 것인가 하는 문제가 대두된다. 이를 위하여 전통적인 Box$-$Jenkins 모델링에서는 대표적으로 자기 자기상관계수의 시차 형태를 보고 ARMA(p, q)의 p와 q를 선정하게 된다. 예를 들어 식 (5.13)에서 보듯 AR 모형은 꼬리가 긴 자기상관계수의 시차 형태를 보인다. 그러나 MA모형은 식 (5.18)에서 보듯 꼬리가 바로 없어지는 자기상관계수의 시차 형태를 보인다. 그러나 이런 방법은 정확한 수량값에 의존하지 않아 엄밀성이 떨어진다는 단점이 있다.

또 다른 방법으로는 앞에서 제시한 추정모형의 AIC 또는 SC 같은 정보기준 방법(추정모수가 많아지면 높은, 설명력이 높으면 낮은 페널티를 부여)을 사용하여 작은 것을 선택하는 접근도 있다. 예를 들어 동일한 자료에 대한 아래의 두 개 추정모형 중 AR(1)과 ARMA(1,1)에서의 AIC를 비교하면 전자가 더 작으므로 이를 선택한다.

AR(1) 모형 추정결과

Variable	Coefficient	Std. Error	t-Statistic	Prob.
C	3.321623	0.16704	20.54141	0.0000
AR(1)	0.995785	0.011526	86.39730	0.0000
SIGMASQ	0.000281	1.98E−05	14.18007	0.0000

R−squared	0.982521	Mean dependent var	3.332511
Adjusted R−squared	0.982268	S.D. dependent var	0.127239
S.E. of regression	0.016943	Akaike info criterion	−5.262945
Sum squared resid	0.039617	Schwarz criterion	−5.200205
Log likelihood	374.0376	Hannan−Quinn criter.	−5.237449
F−statistic	3878.636	Durbin−Watson stat	1.883767
Prob(F−statistic)	0.000000		
Inverted AR Roots	1.00		

ARMA(1,1) 모형 추정결과

Variable	Coefficient	Std. Error	t-Statistic	Prob.
C	3.321719	0.156211	21.26433	0.0000
AR(1)	0.995048	0.012362	80.48932	0.0000
MA(1)	0.068823	0.070650	0.974132	0.3317
SIGMASQ	0.000280	1.99E−05	14.07364	0.0000

R−squared	0.982589	Mean dependent var	3.332511
Adjusted R−squared	0.982208	S.D. dependent var	0.127239
S.E. of regression	0.016972	Akaike info criterion	−5.262843
Sum squared resid	0.039462	Schwarz criterion	−5.169190
Log likelihood	374.3254	Hannan−Quinn criter.	−5.218849
F−statistic	2577.271	Durbin−Watson stat	2.008984
Prob(F−statistic)	0.000000		
Inverted AR Roots	1.00		
Inverted MA Roots	.17		

2 │ 불안정 시계열 모형

모형 (5.1)에서 $|\beta| < 1$인 경우 안정(stationary), $|\beta| \geq 1$인 경우 불안정한 (non−stationary) 시계열로 부른다. 안정시계열은 '변수의 기댓값과 분산이 시간 변화에 관계없이 불변이며 두 기간 사이의 변수들의 공분산이 두 기간의 차이에만 의존하며 이들이 계산되는 시간(t)에 의존하지 않을 때'를 말한다. 특히 $|\beta| = 1$인 경우는 단위근(unit root)을 가졌다고 한다.

$|\beta| < 1$인 경우 AR 모형 (5.1)이 안정(stationary) 시계열임은 분산과 공분산의 식 (5.11)과 (5.12)를 이용하여 확인할 수 있다. 그러나 만일 $|\beta| = 1$이라면 분산과 공분산은 무한대가 된다. 즉 존재하지 않으며 y_t는 불안정 시계열이다.

한편 안정시계열은 충격이 발생하면 미래에는 시간이 지남에 따라 그 영향이 작아진다. 예를 들어 k가 커짐에 따라 충격 u_t가 y_{t+k}에 미치는 (시간의 흐름에 따른) 영향은 (5.10)과 같으며 이는 $|\beta| < 1$인 경우 k가 커짐에 따라 작아진다. 예를 들어 환율에 대한 이자율 하락의 장기반응이 점차 소멸하는 식이다.

그러나 만일 $|\beta| \geq 1$인 경우 충격의 장기반응이 소멸하지 않거나 오히려 시간의 흐름에 따라 유지되거나 더 커질 수 있다. 만일 $\beta = 1$이라면 오늘 y_t에 가해진 충격은 모든 k에 대해

$$\frac{\delta y_{t+k}}{\delta u_t} = 1$$

로 영원히 사라지지 않고 지속되게 된다.[8] 이에 따라 불안정 시계열은 앞에서

---

8) 만일 GDP가 단위근을 가진 불안정 시계열이라면 통화정책 등 외부충격이 발생한 후 일정기간 이후에도 사라지지 않는다. 이러한 사실은 실물경기변동(real business cycle) 등 거시경제 이론에서 소득에 항구적 영향을 미치는 Solow residual 기술충격 등을 조망하는 토대가

소개한 가설검정 방식이 성립하지 않게 만드는 등 여러 문제(표본수가 증가함에 따라 극한분포가 정규규분포가 아님)를 발생시키게 된다.

$\beta = 1$인 경우 식 (5.1)을 상수항을 가진 임의보행(또는 단위근을 가진) 모형 (random walk with drift)이라 부르며 다음과 같이 쓸 수 있다.

(5.19) $\Delta y_t = \mu + u_t$

여기서 $\Delta y_t \equiv y_t - y_{t-1}$이다. 대부분의 경제변수(환율, GDP, 주가, 통화량, 금리)의 움직임을 이 모형으로 잘 설명할 수 있는 것으로 알려져 있다.[9]

한편 식 (5.19)는 다음과 같이 오차항과 시간추세의 합으로 구성된 형태로도 쓸 수 있다.

(5.20) $y_t = y_0 + \mu t + \sum_{i=1}^{t} u_i$

여기서 μt를 시간(t)에 비례하는 추세를 가진 확정적 추세(deterministic trend), $\sum_{i=1}^{t} u_i$를 오차항으로 구성된 확률적 추세(stochastic trend)라고 부른다. 다음 그림은 선형추세를 가진 산업생산지수와 선형추세가 없는 주가지수를 각각 나타내고 있다.

되고 있다.

9) Nelson and Plosser (1982)가 처음으로 발견하였고 이후 80~90년대 이와 관련된 많은 이론적 발전의 토대가 이루어졌다.

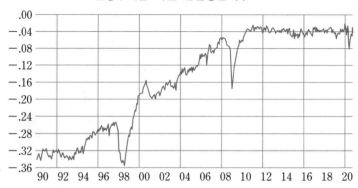

선형추세를 가진 산업생산지수

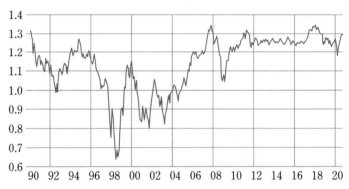

선형추세가 없는 주가지수

한편 상수항을 가진 임의보행모형에서는 t 기에 $t+h$기의 조건부 기댓(예측)값은 다음과 같이 매기 μ만큼 증가하도록 주어진다.

$$E_t(y_{t+h}) = y_t + \mu t$$

그런데 예측기간 h가 증가함에 따라 예측오차 분산은 비례적으로 증가하게 되는데 이는 확률적 추세와 관련이 있다.

$$E[y_{t+h} - E_t(y_{t+h})]^2 = E(\sum_{i=1}^{h} u_i)^2 = h\sigma^2$$

이는 단위근을 가진 모형의 특징이다.

그러면 불안정한 시계열은 어떻게 안정적 시계열로 바꿀 수 있을까 ? 한 가지 방법은 모형 (5.1)을 (5.19)와 같이 차분하면 u_t이므로 y_t는 안정 시계열이 된다. 한 번 차분하면 안정 시계열로 변환되는 경우 I(1) 변수(integrated of order 1)라 한다. 일반적으로 d번 차분하면 안정 시계열로 변환되는 경우 I(d) 변수라 한다. 물가지수는 통상 I(2)인 경우로 여겨진다.

아래 원/달러 환율의 아래 첫 번째 그림을 보면 평균으로 회귀하지 않는 불안정 시계열의 모습을 보이고 있으나 아래 두 번째 차분 그림은 0을 평균으로 안정시계열의 모습을 보여주고 있다. 그러나 경제변수를 차분하면 원래 변수가 가진 중요 정보가 소실될 수 있으므로 유의할 필요가 있다.

원/달러 환율

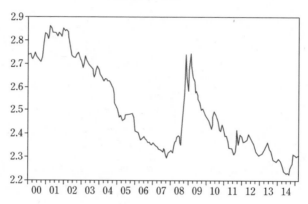

원/달러 환율 차분

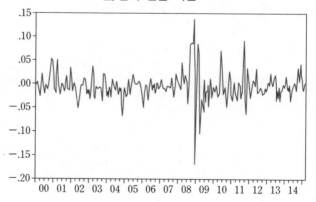

(1) OLS 추정량의 초일치성

한편 모형 (5.1)에서 오차항 u_t가 설명변수 y_t과 독립[10]이다. 따라서 다음과 같은 상수항이 없는 경우 모형 (5.1)에 대한 OLS 추정량에 Gauss − Marokov 정리가 성립하며 일치성을 갖는다.

(5.21) $\quad \hat{\beta} = \dfrac{\displaystyle\sum_{t=1}^{n} y_{t-1} y_t}{\displaystyle\sum_{t=1}^{n} y_{t-1}^2}$

이 추정계수의 분산은 다음과 같이 주어진다.

$$var(\hat{\beta}) \equiv \sigma_{\hat{\beta}}^2 = \sigma^2 / \sum_{t=1}^{n} y_{t-1}^2$$

그런데 $\beta = 1$이어서 모형 (5.1)이 단위근을 가질 경우, (5.21)의 OLS 추정량은 표본수가 증가함에 따라 모형이 안정적인 경우 즉 $|\beta| < 1$인 경우에 비해 더 빠른 속도로 참값 β에 접근하게 된다. 즉 $\beta = 1$이라면

(5.22) $\quad n^{1/2}(\hat{\beta} - \beta) \to_p 0$

이어서 $n^{1/2}$을 곱하더라도 0 근처로 집적된다. 이런 성질을 OLS 추정량의 초일치성(super − consistency)이라고 한다. 이는 식 (5.21)에서 n이 증가함에 따라 분자보다 분모가 단위근으로 인해 더 빠른 속도로 증가하기 때문이다.

이 결과는 모형이 안정적이어 $|\beta| < 1$인 경우 $n^{1/2}(\hat{\beta} - \beta)$가 표본수가 증가함에 따라 점근적으로 다음과 같이 정규분포로 수렴하는 것과 대비된다.

$$n^{1/2}(\hat{\beta} - \beta) \to_d N(0, \sigma_{\hat{\beta}}^2)$$

---

10) 이는 식 $y_t = \displaystyle\sum_{i=0}^{\infty} \beta^i u_{t-i}$이므로 u_{t+1}과 독립임을 알 수 있다.

이러한 결과는 모형이 안정적인 경우 통상적인 t 또는 F 검정 등을 수행하면 되지만 $\beta = 1$인 경우 이러한 분포를 이용한 가설검정이 불가능함을 나타낸다.

$\beta = 1$이라는 귀무가설에 대한 검정을 수행함에 있어 $n^{1/2}(\hat{\beta} - \beta)$이 0에 집적되지 않게 하려면 아래 식 (5.23)과 같이 표본수 n을 곱해 주어야 하며 이 경우 점근적으로 Wiener 과정 또는 Brownian 과정[11]인 $B(t)$을 따르는 확률변수의 형태로 수렴한다.

$$(5.23) \quad n(\hat{\beta} - 1) = \frac{n^{-1}\sum_{t=1}^{n} y_{t-1} u_t}{n^{-2}\sum_{t=1}^{n} y_{t-1}^2} \to_d \frac{\int_0^1 B(t)dB(t)}{\int_0^1 B(t)^2 dt}$$

위 식에서 $B(t)$는 시점 t의 정규분포를 나타내는 확률변수이다.[12]

(2) 단위근 검정

한편 모형 (5.1)에서 $\beta = 1$인지, 즉 모형에 단위근(unit root)의 존재여부에 대한 검정(즉 귀무가설 $H_0 : \beta = 1$에 대한 검정)은 어떻게 할 수 있는가? 이에는 두 가지 표준적인 방법이 있다.[13]

첫째, OLS 추정량을 이용하는 방법이다.

$$(5.24) \quad Z_n \equiv n(\hat{\beta} - 1)$$

둘째는 통상의 t 통계량을 이용할 수 있다.

$$(5.25) \quad T_n \equiv (\hat{\beta} - 1)/\sigma_{\hat{\beta}}$$

그러나 식 (5.24)의 Z 통계량은 (5.23)에서 보인 바와 같이 표본의 수가 늘어

---

11) 물 속의 꽃가루가 퍼지거나 연기가 공중에 퍼지는 현상이 브라운운동의 예이다. 임의보행 (random walk) 과정은 연속인 브라운운동을 근사한 것으로 볼 수 있다.

12) 자세한 내용은 본서의 범위를 벗어나는 것이다.

13) 이외에도 Phillips-Perron 검정 등 많은 단위근 검정이 제시되어 왔다.

나도 점근적으로 정규분포를 하지 않는다. 또한 식 (5.25)의 t 통계량 역시 점근적으로 표준정규분포를 하지 않는다. 아래 그림의 단위근을 가진 경우의 t 통계량의 점근적 확률분포를 보면 0을 기준으로 한 대칭이 아니라 좀 더 음의 방향으로 치우친 모습을 보인다.

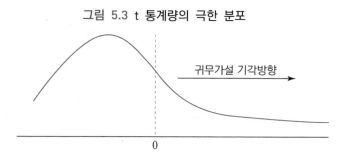

그림 5.3 t 통계량의 극한 분포

귀무가설 기각방향

0

검정통계량의 극한 분포가 정규분포를 따르지 않으므로 단위근 검정을 위한 기각역 역시 컴퓨터 시뮬레이션을 통해 계산된 부록의 Dickey-Fuller의 표를 이용해야 한다.

이러한 t 통계량의 분포는 표본 수와 모형에 상수항과 선형 추세의 존재여부에 따라 변한다. 좀 더 세부적으로 귀무가설 $H_0 : \beta = 1$에 대한 단위근 검정은 아래와 같이 검정 모형에 상수항, 시간추세를 추가로 고려한 세 가지 경우로 나누어서 수행한다.

(i) $y_{t+1} = \beta y_t + u_{t+1}$

(ii) $y_{t+1} = \mu + \beta y_t + u_{t+1}$

(iii) $y_{t+1} = \mu + \lambda t + \beta y_t + u_{t+1}$

이러한 검정에서 t 검정통계량이 음의 값을 가질수록 귀무가설 $H_0 : \beta = 1$이 기각된다. 상수항과 시간추세가 없는 경우 Dickey-Fuller의 표를 보면 표본수가 100이면 -1.95보다 t 검정통계량이 클 확률이 5%이다. 이는 5% 유의수준에서 기각값이 -1.95임을 의미한다.[14] 예를 들어 t 검정통계량이 -1.05라면 귀

---

14) 단위근이 아닌 경우 이 값은 1.65가 된다.

무가설을 5% 유의수준에서 기각한다.

보다 일반화된 AR(p>1) 모형에서의 단위근 검정은 어떻게 수행되는가? 이를 위하여 다음의 AR(2) 모형을 가정하자.

(5.26) $y_t = \beta_1 y_{t-1} + \beta_2 y_{t-2} + u_t$

이 모형 (5.26)은 다음과 같이 변환할 수 있다.

$$y_t - y_{t-1} = (\beta_1 + \beta_2 - 1)y_{t-1} - \beta_2(y_{t-1} - y_{t-2}) + u_t$$

또는

(5.27) $\Delta y_t = \rho y_{t-1} - \beta_2 \Delta y_{t-1} + u_t$

여기서 $\rho = \beta_1 + \beta_2 - 1$이다. 이러한 변형을 통해 식 (5.26)에서 두 개인 I(1)인 변수의 수를 오른쪽의 y_{t-1} 하나로 바꾸었으며 나머지 변수들은 모두 I(0)임에 유의하자.

수정된 Dickey-Fuller(ADF, augmented Dickey Fuller) 단위근 검정은 식 (5.27)에서 귀무가설 $H_0 : \rho = 0$과 대립가설 $H_0 : \rho < 0$에 대해 검정하는 것이다.[15] 이 검정의 취지는 귀무가설하에서 y_t이 I(1)이라는 것이다.

귀무가설의 검정은 AR(1)의 경우와 동일하게 식 (5.26)에서 계수 ρ를 OLS로 추정하여 이에 대한 검정을 하거나, 이의 t-통계량을 이용하는 검정의 두 가지 방법이 있다. 이들 검정 통계량의 극한 분포는 귀무가설 하에서 AR(1)인 경우와 동일함을 보일 수 있다. 수정된 Dickey-Fuller t 검정의 기각역은 부록의 표를 참조하라.

예제 5.1 　한국은행의 경제통계시스템에서 2000~2021년간 월별 원/달러 환율 자료를 이용하여 Eviews를 통해 단위근 검정을 해보자.

---

15) 이는 단측 검정(one side test)임에 유의하자.

환율의 AR (1) 모형 $y_t = \rho y_{t-1} + u_t$을 가정하자. 여기서 u_t는 σ^2의 분산을 가지는 iid 오차항이다. 아래 표를 기초로 다음 물음에 답하여라.

(a) $|\rho| < 1$로 가정하고 $E(y_t)$, $var(y_t)$, $cov(y_t, y_{t-1})$의 추정치를 구하여라.

(b) $\rho = 1$인 경우 OLS 추정과 검정은 어떤 문제를 가지는가?

(c) 계수 ρ의 OLS 추정량을 구하여라.

(d) (c)의 추정결과를 바탕으로 2006년의 환율(조건부 기댓값)을 예측하라.

연도별 환율 자료

연도	2000	2001	2002	2003	2004	2005
환율	1	1	3	2	4	3

풀이 본문을 참고하여 구할 수 있다.

(3) 공적분 모형

변수 x_t와 y_t가 모두 I(1)이고 이들의 선형결합인 변수 $Z_t = ax_t + by_t$가 I(0)일 때 변수 x_t와 y_t는 공적분계수 (a, b)로 공적분(cointegrated)되었다고 한다. 이러한 공적분의 개념은 변수 x_t와 y_t가 서로 장기 균형을 이루고 있다는 경제적 의미가 있으며 변수들 간에 있을 수 있는 장기 균형 관계를 검정하는데 사용될 수 있다. 예를 들어 다음의 일반화된 환율의 구매력 평가설을 고려하자.

(5.28) $E_t = \dfrac{P_t^*}{P_t} q_t$

여기서 S_t는 원/달러 환율, P_t^*는 미국의 물가 수준, P_t는 한국의 물가 수준, q_t는 실질환율을 각각 나타낸다. 만일 구매력 평가설을 공적분 관계에 따라 검정하려면 위 식 (5.28)의 양변에 자연로그를 취해 모형을 다음과 같이 선형문형으로 우선 변형시킨 후 이를 정리한다.

$$\ln(q_t) = 1n(S_t) - 1n(P_t^*) + 1n(P_t)$$

다음으로 $\ln(q_t)$가 단위근을 갖는지 검정하여 만일 단위근을 갖지 않고 I(0)이면 구매력 평가설이 성립하여 환율과 물가 수준들 간에 장기 균형 관계에 있다고 판단하는 방식이다. 이와 같은 방식으로 공적분 여부를 검정하는 것을 Engle-Granger 공적분 검정이라 한다. 이외에도 Johansen 공적분 검정법 등 다양한 다른 접근법들이 있다.

예제 5.3

$x_t = at + b$, $y_t = t + c$로 주어졌다고 하자. 다음 물음에 답하여라.
 i) x_t와 y_t는 I(1)인가?
 ii) x_t와 y_t는 공적분 되었는가? 공적분 계수를 구하여라.

예제 5.4

$x_t = a(\sum_{a_1=1}^{t} u_{t-i}) + b$, $y_t = a(\sum_{i=1}^{t} u_{t-i}) + c$로 주어졌다고 하자. 다음 물음에 답하여라.
 i) x_t와 y_t는 I(1)인가?
 ii) x_t와 y_t는 공적분 되었는가? 공적분 계수를 구하여라.

위의 예제들에서 모든 공적분 개념은 시간 추세(t) 또는 확률적 추세 ($\sum_{i=1}^{t} u_{t-i}$)를 두 변수들 간에 공유하고 있는지에 대한 것이다.

구매력 평가설 점정에서 공적분 계수를 모르는 경우에는 $\ln(S_t)$를 $\ln(P_t^*)$와 $\ln(P_t)$로 OLS 회귀시켜 그 잔차항이 I(0)인 경우 공적분되었다고 판단할 수 있다.

부록

계량
경제학
강의

1. 표준정규분포표

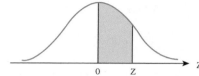

Z	1	2	3	4	5	6	7	8	9
0.0	0.0000	0.0040	0.0080	0.0120	0.0160	0.0199	0.0239	0.0279	0.0319	0.0359
0.1	0.0398	0.0438	0.0478	0.0517	0.0557	0.0596	0.0636	0.0675	0.0714	0.0753
0.2	0.0793	0.0832	0.0871	0.0910	0.0948	0.0987	0.1026	0.1064	0.1103	0.1141
0.3	0.1179	0.1217	0.1255	0.1293	0.1331	0.1368	0.1406	0.1443	0.1480	0.1517
0.4	0.1554	0.1591	0.1628	0.1664	0.1700	0.1736	0.1772	0.1808	0.1844	0.1879
0.5	0.1915	0.1950	0.1985	0.2019	0.2054	0.2088	0.2123	0.2157	0.2190	0.2224
0.6	0.2257	0.2291	0.2324	0.2357	0.2389	0.2422	0.2454	0.2486	0.2517	0.2549
0.7	0.2580	0.2611	0.2642	0.2673	0.2704	0.2734	0.2764	0.2794	0.2823	0.2852
0.8	0.2881	0.2910	0.2939	0.2967	0.2995	0.3023	0.3051	0.3078	0.3106	0.3133
0.9	0.3159	0.3186	0.3212	0.3238	0.3264	0.3289	0.3315	0.3340	0.3365	0.3389
1.0	0.3413	0.3438	0.3461	0.3485	0.3508	0.3531	0.3554	0.3577	0.3599	0.3621
1.1	0.3643	0.3665	0.3686	0.3708	0.3729	0.3749	0.3770	0.3790	0.3810	0.3830
1.2	0.3849	0.3869	0.3888	0.3907	0.3925	0.3944	0.3962	0.3980	0.3997	0.4015
1.3	0.4032	0.4049	0.4066	0.4082	0.4099	0.4115	0.4131	0.4147	0.4162	0.4177
1.4	0.4192	0.4207	0.4222	0.4236	0.4251	0.4265	0.4279	0.4292	0.4306	0.4319
1.5	0.4332	0.4345	0.4357	0.4370	0.4382	0.4394	0.4406	0.4418	0.4429	0.4441
1.6	0.4452	0.4463	0.4474	0.4484	0.4495	0.4505	0.4515	0.4525	0.4535	0.4545
1.7	0.4554	0.4564	0.4573	0.4582	0.4591	0.4599	0.4608	0.4616	0.4625	0.4633
1.8	0.4641	0.4649	0.4656	0.4664	0.4671	0.4678	0.4686	0.4693	0.4699	0.4706
1.9	0.4713	0.4719	0.4726	0.4732	0.4738	0.4744	0.4750	0.4756	0.4761	0.4767
2.0	0.4772	0.4778	0.4783	0.4788	0.4793	0.4798	0.4803	0.4808	0.4812	0.4817
2.1	0.4821	0.4826	0.4830	0.4834	0.4838	0.4842	0.4846	0.4850	0.4854	0.4857
2.2	0.4861	0.4864	0.4868	0.4871	0.4875	0.4878	0.4881	0.4884	0.4887	0.4890
2.3	0.4893	0.4896	0.4898	0.4901	0.4904	0.4906	0.4909	0.4911	0.4913	0.4916
2.4	0.4918	0.4920	0.4922	0.4925	0.4927	0.4929	0.4931	0.4932	0.4934	0.4936
2.5	0.4938	0.4940	0.4941	0.4943	0.4945	0.4946	0.4948	0.4949	0.4951	0.4952
2.6	0.4953	0.4955	0.4956	0.4957	0.4959	0.4960	0.4961	0.4962	0.4963	0.4974
2.7	0.4965	0.4966	0.4967	0.4968	0.4969	0.4970	0.4971	0.4972	0.4973	0.4974
2.8	0.4974	0.4975	0.4976	0.4977	0.4977	0.4978	0.4979	0.4979	0.4980	0.4981
2.9	0.4981	0.4982	0.4982	0.4983	0.4984	0.4984	0.4985	0.4985	0.4986	0.4986
3.0	0.4987	0.4987	0.4987	0.4988	0.4988	0.4989	0.4989	0.4989	0.4990	0.4990
3.1	0.4990	0.4991	0.4991	0.4991	0.4992	0.4992	0.4992	0.4992	0.4993	0.4993
3.2	0.4993	0.4993	0.4994	0.4994	0.4994	0.4994	0.4994	0.4995	0.4995	0.4995
3.3	0.4995	0.4995	0.4995	0.4996	0.4996	0.4996	0.4996	0.4996	0.4996	0.4997
3.4	0.4997	0.4997	0.4997	0.4997	0.4997	0.4997	0.4997	0.4997	0.4997	0.4998
3.5	0.4998									
4.0	0.49997									
4.5	0.499997									
5.0	0.4999997									

2. t 분포표

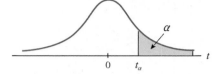

V_2 \ V_1	오른쪽 꼬리면적 α							
	1	2	3	4	5	6	7	8
1	3.078	6.314	12.706	31.821	63.657	127.32	318.31	636.62
2	1.886	2.920	4.303	6.965	9.925	14.089	22.327	31.598
3	1.638	2.353	3.182	4.541	5.841	7.453	10.214	12.924
4	1.533	2.132	2.776	3.747	4.604	5.598	7.173	8.610
5	1.476	2.015	2.571	3.365	4.032	4.773	5.893	6.869
6	1.440	1.943	2.447	3.143	3.707	4.317	5.208	5.959
7	1.415	1.895	2.365	2.998	3.499	4.029	4.785	5.408
8	1.397	1.860	2.306	2.896	3.355	3.833	4.501	5.041
9	1.383	1.833	2.262	2.821	3.250	3.690	4.297	4.781
10	1.372	1.812	2.228	2.764	3.169	3.581	4.144	4.587
11	1.363	1.796	2.201	2.718	3.106	3.497	4.025	4.437
12	1.356	1.782	2.179	2.681	3.055	3.428	3.930	4.318
13	1.350	1.771	2.160	2.650	3.012	3.372	3.852	4.221
14	1.345	1.761	2.145	2.624	2.977	3.326	3.787	4.140
15	1.341	1.753	2.131	2.602	2.947	3.286	3.733	4.073
16	1.337	1.746	2.120	2.583	2.921	3.252	3.686	4.015
17	1.333	1.740	2.110	2.567	2.898	3.222	3.646	3.965
18	1.330	1.734	2.101	2.552	2.878	3.197	3.610	3.922
19	1.328	1.729	2.093	2.539	2.861	3.174	3.579	3.883
20	1.325	1.725	2.086	2.528	2.845	3.153	3.552	3.850
21	1.323	1.721	2.080	2.518	2.831	3.135	3.527	3.819
22	1.321	1.717	2.074	2.508	2.819	3.119	3.505	3.792
23	1.319	1.714	2.069	2.500	2.807	3.104	3.485	3.767
24	1.318	1.711	2.064	2.492	2.797	3.091	3.467	3.745
25	1.316	1.708	2.060	2.485	2.787	3.078	3.450	3.725
26	1.315	1.706	2.056	2.479	2.779	3.067	3.435	3.707
27	1.314	1.703	2.052	2.473	2.771	3.057	3.421	3.690
28	1.313	1.701	2.048	2.467	2.763	3.047	3.408	3.674
29	1.311	1.699	2.045	2.462	2.756	3.038	3.396	3.659
30	1.310	1.697	2.042	2.457	2.750	3.030	3.385	3.646
40	1.303	1.684	2.021	2.423	2.704	2.971	3.307	3.551
60	1.296	1.671	2.000	2.390	2.660	2.915	3.232	3.460
120	1.289	1.658	1.980	2.358	2.617	2.860	3.160	3.373
∞	1.282	1.645	1.960	2.326	2.576	2.807	3.090	3.291

3. χ^2 분포표

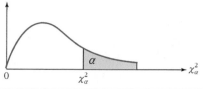

자유도	$\chi^2_{.995}$	$\chi^2_{.990}$	$\chi^2_{.975}$	$\chi^2_{.950}$	$\chi^2_{.900}$
1	0.0000393	0.0001571	0.0009821	0.0039321	0.0157908
2	0.0100251	0.0201007	0.0506356	0.102587	0.210720
3	0.0717212	0.114832	0.215795	0.351846	0.584375
4	0.206990	0.297110	0.484419	0.710721	1.063623
5	0.411740	0.554300	0.831211	1.145476	1.61031
6	0.675727	0.872085	1.237347	1.63539	2.20413
7	0.989265	1.239043	1.68987	2.16735	2.83311
8	1.344419	1.646482	2.17973	2.73264	3.48954
9	1.734926	2.087912	2.70039	3.32511	4.16816
10	2.15585	2.55821	3.24697	3.94030	4.86518
11	2.60321	3.05347	3.81575	4.57481	5.57779
12	3.07382	3.57056	4.40379	5.22603	6.30380
13	3.56503	4.10691	5.00874	5.89186	7.04150
14	4.07468	4.66043	5.62872	6.57063	7.78953
15	4.60094	5.22935	6.26214	7.26094	8.54675
16	5.14224	5.81221	6.90766	7.96164	9.31223
17	5.69724	6.40776	7.56418	8.67176	10.0852
18	6.26481	7.01491	8.23075	9.39046	10.8649
19	6.84398	7.63273	8.90655	10.1170	11.6509
20	7.43386	8.26040	9.59083	10.8508	12.4426
21	8.03366	8.89720	10.28293	11.5913	13.2396
22	8.64272	9.54249	10.9823	12.3380	14.0415
23	9.26042	10.19567	11.6885	13.0905	14.8479
24	9.88623	10.8564	12.4011	13.8484	15.6587
25	10.5197	11.5240	13.1197	14.6114	16.4734
26	11.1603	12.1981	13.8439	15.3791	17.2919
27	11.8076	12.8786	14.5733	16.1513	18.1138
28	12.4613	13.5648	15.3079	16.9279	18.9392
29	13.1211	14.2565	16.0471	17.7083	19.7677
30	13.7867	14.9535	16.7908	18.4926	20.5992
40	20.7065	22.1643	24.4331	26.5093	29.0505
50	27.9907	29.7067	32.3574	34.7642	37.6886
60	35.5346	37.4848	40.4817	43.1879	46.4589
70	43.2752	45.4418	48.7576	51.7393	55.3290
80	51.1720	53.5400	57.1532	60.3915	64.2778
90	59.1963	61.7541	65.6466	69.1260	73.2912
100	67.3276	70.0648	74.2219	77.9295	82.3581

계속

자유도	$\chi^2_{.100}$	$\chi^2_{.050}$	$\chi^2_{.025}$	$\chi^2_{.010}$	$\chi^2_{.005}$
1	2.70554	3.84146	5.02389	6.63490	7.87944
2	4.60517	5.99147	7.37776	9.21034	10.5966
3	6.25139	7.81473	9.34840	11.3449	12.8381
4	7.77944	9.48773	11.1433	13.2767	14.8602
5	9.23635	11.0705	12.8325	15.0863	16.7496
6	10.6446	12.5916	14.4494	16.8119	18.5476
7	12.0170	14.0671	16.0128	18.4753	20.2777
8	13.3616	15.5073	17.5346	20.0902	21.9550
9	14.6837	16.9190	19.0228	21.6660	23.5893
10	15.9871	18.3070	20.4831	23.2093	25.1882
11	17.2750	19.6751	21.9200	24.7250	26.7569
12	18.5494	21.0261	23.3367	26.2170	28.2995
13	19.8119	22.3621	24.7356	27.6883	29.8194
14	21.0642	23.6848	26.1190	29.1413	31.3193
15	22.3072	24.9958	27.4884	30.5779	32.8013
16	23.5418	26.2962	28.8454	31.9999	34.2672
17	24.7690	27.5871	30.1910	33.4087	35.7185
18	25.9894	28.8693	31.5264	34.8053	37.1564
19	27.2036	30.1435	32.8523	36.1908	38.5822
20	28.4120	31.4104	34.1696	37.5662	39.9968
21	29.6151	32.6705	35.4789	38.9321	41.4010
22	30.8133	33.9244	36.7807	40.2894	42.7956
23	32.0069	35.1725	38.0757	41.6384	44.1813
24	33.1963	36.4151	39.3641	42.9798	45.5585
25	34.3816	37.6525	40.6465	44.3141	46.9278
26	35.5631	38.8852	41.9232	45.6417	48.2899
27	36.7412	40.1133	43.1944	46.9630	49.6449
28	37.9159	41.3372	44.4607	48.2782	50.9933
29	39.0875	42.5569	45.7222	49.5879	52.3356
30	40.2560	43.7729	46.9792	50.8922	53.6720
40	51.8050	55.7585	59.3417	63.6907	66.7659
50	63.1671	67.5048	71.4202	76.1539	79.4900
60	74.3970	79.0819	83.2976	88.3794	91.9517
70	85.5271	90.5312	95.0231	100.425	104.215
80	96.5782	101.879	106.629	112.329	116.321
90	107.565	113.145	118.136	124.116	128.229
100	118.498	124.342	129.561	135.807	140.169

4. F 분포표

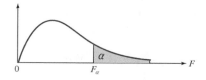

(a) $\alpha = .10$

V_2\V_1	분자의 자유도								
	1	2	3	4	5	6	7	8	9
1	39.86	49.50	53.59	55.83	57.24	58.20	58.91	59.44	59.86
2	8.53	9.00	9.16	9.24	9.29	9.33	9.35	9.37	9.38
3	5.54	5.46	5.39	5.34	5.31	5.28	5.27	5.25	5.24
4	4.54	4.32	4.19	4.11	4.05	4.01	3.98	3.95	3.94
5	4.06	3.78	3.62	3.52	3.45	3.40	3.37	3.34	3.32
6	3.78	3.46	3.29	3.18	3.11	3.05	3.01	2.98	2.96
7	3.59	3.26	3.07	2.96	2.88	2.83	2.78	2.75	2.72
8	3.46	3.11	2.92	2.81	2.73	2.67	2.62	2.59	2.56
9	3.36	3.01	2.81	2.69	2.61	2.55	2.51	2.47	2.44
10	3.29	2.92	2.73	2.61	2.52	2.46	2.41	2.38	2.35
11	3.23	2.86	2.66	2.54	2.45	2.39	2.34	2.30	2.27
12	3.18	2.81	2.61	2.48	2.39	2.33	2.28	2.24	2.21
13	3.14	2.76	2.56	2.43	2.35	2.28	2.23	2.20	2.16
14	3.10	2.73	2.52	2.39	2.31	2.24	2.19	2.15	2.12
15	3.07	2.70	2.49	2.36	2.27	2.21	2.16	2.12	2.09
16	3.05	2.67	2.46	2.33	2.24	2.18	2.13	2.09	2.06
17	3.03	2.64	2.44	2.31	2.22	2.15	2.10	2.06	2.03
18	3.01	2.62	2.42	2.29	2.20	2.13	2.08	2.04	2.00
19	2.99	2.61	2.40	2.27	2.18	2.11	2.06	2.02	1.98
20	2.97	2.59	2.38	2.25	2.16	2.09	2.04	2.00	1.96
21	2.96	2.57	2.36	2.23	2.14	2.08	2.02	1.98	1.95
22	2.95	2.56	2.35	2.22	2.13	2.06	2.01	1.97	1.93
23	2.94	2.55	2.34	2.21	2.11	2.05	1.99	1.95	1.92
24	2.93	2.54	2.33	2.19	2.10	2.04	1.98	1.94	1.91
25	2.92	2.53	2.32	2.18	2.09	2.02	1.97	1.93	1.89
26	2.91	2.52	2.31	2.17	2.08	2.01	1.96	1.92	1.88
27	2.90	2.51	2.30	2.17	2.07	2.00	1.95	1.91	1.87
28	2.89	2.50	2.29	2.16	2.06	2.00	1.94	1.90	1.87
29	2.89	2.50	2.28	2.15	2.06	1.99	1.93	1.89	1.86
30	2.88	2.49	2.28	2.14	2.05	1.98	1.93	1.88	1.85
40	2.84	2.44	2.23	2.09	2.00	1.93	1.87	1.83	1.79
60	2.79	2.39	2.18	2.04	1.95	1.87	1.82	1.77	1.74
120	2.75	2.35	2.13	1.99	1.90	1.82	1.77	1.72	1.68
∞	2.71	2.30	2.08	1.94	1.85	1.77	1.72	1.67	1.63

V₂ \ V₁	분자의 자유도									
	10	12	15	20	24	30	40	60	120	∞
1	60.19	60.71	61.22	61.74	62.00	62.26	62.53	62.79	63.06	63.33
2	9.39	9.41	9.42	9.44	9.45	9.46	9.47	9.47	9.48	9.49
3	5.23	5.22	5.20	5.18	5.18	5.17	5.16	5.15	5.14	5.13
4	3.92	3.90	3.87	3.84	3.83	3.82	3.80	3.79	3.78	3.76
5	3.30	3.27	3.24	3.21	3.19	3.17	3.16	3.14	3.12	3.10
6	2.94	2.90	2.87	2.84	2.82	2.80	2.78	2.76	2.74	2.72
7	2.70	2.67	2.63	2.59	2.58	2.56	2.54	2.51	2.49	2.47
8	2.54	2.50	2.46	2.42	2.40	2.38	2.36	2.34	2.32	2.29
9	2.42	2.38	2.34	2.30	2.28	2.25	2.23	2.21	2.18	2.16
10	2.32	2.28	2.24	2.20	2.18	2.16	2.13	2.11	2.08	2.06
11	2.25	2.21	2.17	2.12	2.10	2.08	2.05	2.03	2.00	1.97
12	2.19	2.15	2.10	2.06	2.04	2.01	1.99	1.96	1.93	1.90
13	2.14	2.10	2.05	2.01	1.98	1.96	1.93	1.90	1.88	1.85
14	2.10	2.05	2.01	1.96	1.94	1.91	1.89	1.86	1.83	1.80
15	2.06	2.02	1.97	1.92	1.90	1.87	1.85	1.82	1.79	1.76
16	2.03	1.99	1.94	1.89	1.87	1.84	1.81	1.78	1.75	1.72
17	2.00	1.96	1.91	1.86	1.84	1.81	1.78	1.75	1.72	1.69
18	1.98	1.93	1.89	1.84	1.81	1.78	1.75	1.72	1.69	1.66
19	1.96	1.91	1.86	1.81	1.79	1.76	1.73	1.70	1.67	1.63
20	1.94	1.89	1.84	1.79	1.77	1.74	1.71	1.68	1.64	1.61
21	1.92	1.87	1.83	1.78	1.75	1.72	1.69	1.66	1.62	1.59
22	1.90	1.86	1.81	1.76	1.73	1.70	1.67	1.64	1.60	1.57
23	1.89	1.84	1.80	1.74	1.72	1.69	1.66	1.62	1.59	1.55
24	1.88	1.83	1.78	1.73	1.70	1.67	1.64	1.61	1.57	1.53
25	1.87	1.82	1.77	1.72	1.69	1.66	1.63	1.59	1.56	1.52
26	1.86	1.81	1.76	1.71	1.68	1.65	1.61	1.58	1.54	1.50
27	1.85	1.80	1.75	1.70	1.67	1.64	1.60	1.57	1.53	1.49
28	1.84	1.79	1.74	1.69	1.66	1.63	1.59	1.56	1.52	1.48
29	1.83	1.78	1.73	1.68	1.65	1.62	1.58	1.55	1.51	1.47
30	1.82	1.77	1.72	1.67	1.64	1.61	1.57	1.54	1.50	1.46
40	1.76	1.71	1.66	1.61	1.57	1.54	1.51	1.47	1.42	1.38
60	1.71	1.66	1.60	1.54	1.51	1.48	1.44	1.40	1.35	1.29
120	1.65	1.60	1.55	1.48	1.45	1.41	1.37	1.32	1.26	1.19
∞	1.60	1.55	1.49	1.42	1.38	1.34	1.30	1.24	1.17	1.00

분모의 자유도

(b) $\alpha=.05$

V_2 \ V_1	분자의 자유도								
	1	2	3	4	5	6	7	8	9
1	161.4	199.5	215.7	224.6	230.2	234.0	236.8	238.9	240.5
2	18.51	19.00	19.16	19.25	19.30	19.33	19.35	19.37	19.38
3	10.13	9.55	9.28	9.12	9.01	8.94	8.89	8.85	8.81
4	7.71	6.94	6.59	6.39	6.26	6.16	6.09	6.04	6.00
5	6.61	5.79	5.41	5.19	5.05	4.95	4.88	4.82	4.77
6	5.99	5.14	4.76	4.53	4.39	4.28	4.21	4.15	4.10
7	5.59	4.74	4.35	4.12	3.97	3.87	3.79	3.73	3.68
8	5.32	4.46	4.07	3.84	3.69	3.58	3.50	3.44	3.39
9	5.12	4.26	3.86	3.63	3.48	3.37	3.29	3.23	3.18
10	4.96	4.10	3.71	3.48	3.33	3.22	3.14	3.07	3.02
11	4.84	3.98	3.59	3.36	3.20	3.09	3.01	2.95	2.90
12	4.75	3.89	3.49	3.26	3.11	3.00	2.91	2.85	2.80
13	4.67	3.81	3.41	3.18	3.03	2.92	2.83	2.77	2.71
14	4.60	3.74	3.34	3.11	2.96	2.85	2.76	2.70	2.65
15	4.54	3.68	3.29	3.06	2.90	2.79	2.71	2.64	2.59
16	4.49	3.63	3.24	3.01	2.85	2.74	2.66	2.59	2.54
17	4.45	3.59	3.20	2.96	2.81	2.70	2.61	2.55	2.49
18	4.41	3.55	3.16	2.93	2.77	2.66	2.56	2.51	2.46
19	4.38	3.52	3.13	2.90	2.74	2.63	2.54	2.48	2.42
20	4.35	3.49	3.10	2.87	2.71	2.60	2.51	2.45	2.39
21	4.32	3.47	3.07	2.84	2.68	2.57	2.49	2.42	2.37
22	4.30	3.44	3.05	2.82	2.66	2.55	2.46	2.40	2.34
23	4.28	3.42	3.03	2.80	2.64	2.53	2.44	2.37	2.32
24	4.26	3.40	3.01	2.78	2.62	2.51	2.42	2.36	2.30
25	4.24	3.39	2.99	2.76	2.60	2.49	2.40	2.34	2.28
26	4.23	3.37	2.98	2.74	2.59	2.47	2.39	2.32	2.27
27	4.21	3.35	2.96	2.73	2.57	2.46	2.37	2.31	2.25
28	4.20	3.34	2.95	2.71	2.56	2.45	2.36	2.29	2.24
29	4.18	3.33	2.93	2.70	2.55	2.43	2.35	2.28	2.22
30	4.17	3.32	2.92	2.69	2.53	2.42	2.33	2.27	2.21
40	4.08	3.23	2.84	2.61	2.45	2.34	2.25	2.18	2.12
60	4.00	3.15	2.76	2.53	2.37	2.25	2.17	2.10	2.04
120	3.92	3.07	2.68	2.45	2.29	2.17	2.09	2.02	1.96
∞	3.84	3.00	2.60	2.37	2.21	2.10	2.01	1.94	1.88

분모의 자유도

(b) 계속

V₂ \ V₁	분자의 자유도									
	10	12	15	20	24	30	40	60	120	∞
1	241.9	243.9	245.9	248.0	249.1	250.1	251.1	252.2	253.3	254.3
2	19.40	19.41	19.43	19.45	19.45	19.46	19.47	19.48	19.49	19.50
3	8.79	8.74	8.70	8.66	8.64	8.62	8.59	8.57	8.55	8.53
4	5.96	5.91	5.86	5.80	5.77	5.75	5.72	5.69	5.66	5.63
5	4.74	4.68	4.62	4.56	4.53	4.50	4.46	4.43	4.40	4.36
6	4.06	4.00	3.94	3.87	3.84	3.81	3.77	3.74	3.70	3.67
7	3.64	3.57	3.51	3.44	3.41	3.38	3.34	3.30	3.27	3.23
8	3.35	3.28	3.22	3.15	3.12	3.08	3.04	3.01	2.97	2.93
9	3.14	3.07	3.01	2.94	2.90	2.86	2.83	2.79	2.75	2.71
10	2.98	2.91	2.85	2.77	2.74	2.70	2.66	2.62	2.58	2.54
11	2.85	2.79	2.72	2.65	2.61	2.57	2.53	2.49	2.45	2.40
12	2.75	2.69	2.62	2.54	2.51	2.47	2.43	2.38	2.34	2.30
13	2.67	2.60	2.53	2.46	2.42	2.38	2.34	2.30	2.25	2.21
14	2.60	2.53	2.46	2.39	2.35	2.31	2.27	2.22	2.18	2.13
15	2.54	2.48	2.40	2.33	2.29	2.25	2.20	2.16	2.11	2.07
16	2.49	2.42	2.35	2.28	2.24	2.19	2.15	2.11	2.06	2.01
17	2.45	2.38	2.31	2.23	2.19	2.15	2.10	2.06	2.01	1.96
18	2.41	2.34	2.27	2.19	2.15	2.11	2.06	2.02	1.97	1.92
19	2.38	2.31	2.23	2.16	2.11	2.07	2.03	1.98	1.93	1.88
20	2.35	2.28	2.20	2.12	2.08	2.04	1.99	1.95	1.90	1.84
21	2.32	2.25	2.18	2.10	2.05	2.01	1.96	1.92	1.87	1.81
22	2.30	2.23	2.15	2.07	2.03	1.98	1.94	1.89	1.84	1.78
23	2.27	2.20	2.13	2.05	2.01	1.96	1.91	1.86	1.81	1.76
24	2.25	2.18	2.11	2.03	1.98	1.94	1.89	1.84	1.79	1.73
25	2.24	2.16	2.09	2.01	1.96	1.92	1.87	1.82	1.77	1.71
26	2.22	2.15	2.07	1.99	1.95	1.90	1.85	1.80	1.75	1.69
27	2.20	2.13	2.06	1.97	1.93	1.88	1.84	1.79	1.73	1.67
28	2.19	2.12	2.04	1.96	1.91	1.87	1.82	1.77	1.71	1.65
29	2.18	2.10	2.03	1.94	1.90	1.85	1.81	1.75	1.70	1.64
30	2.16	2.09	2.01	1.93	1.89	1.84	1.79	1.74	1.68	1.62
40	2.08	2.00	1.92	1.84	1.79	1.74	1.69	1.64	1.58	1.51
60	1.99	1.92	1.84	1.75	1.70	1.65	1.59	1.53	1.47	1.39
120	1.91	1.83	1.75	1.66	1.61	1.55	1.50	1.43	1.35	1.25
∞	1.83	1.75	1.67	1.57	1.52	1.46	1.39	1.32	1.22	1.00

분모의 자유도

(c) $\alpha = .025$

V_2 \ V_1	분자의 자유도								
	1	2	3	4	5	6	7	8	9
1	647.8	799.5	864.2	899.6	921.8	937.1	948.2	956.7	963.3
2	38.51	39.00	39.17	39.25	39.30	39.33	39.36	39.37	39.39
3	17.44	16.04	15.44	15.10	14.88	14.73	14.62	14.54	14.47
4	12.22	10.65	9.98	9.60	9.36	9.20	9.07	8.98	8.90
5	10.01	8.43	7.76	7.39	7.15	6.98	6.85	6.76	6.68
6	8.81	7.26	6.60	6.23	5.99	5.82	5.70	5.60	5.52
7	8.07	6.54	5.89	5.52	5.29	5.12	4.99	4.90	4.82
8	7.57	6.06	5.42	5.05	4.82	4.65	4.53	4.43	4.36
9	7.21	5.71	5.08	4.72	4.48	4.32	4.20	4.10	4.03
10	6.94	5.46	4.83	4.47	4.24	4.07	3.95	3.85	3.78
11	6.72	5.26	4.63	4.28	4.04	3.88	3.76	3.66	3.59
12	6.55	5.10	4.47	4.12	3.89	3.73	3.61	3.51	3.44
13	6.41	4.97	4.35	4.00	3.77	3.60	3.48	3.39	3.31
14	6.30	4.86	4.24	3.89	3.66	3.50	3.38	3.29	3.21
15	6.20	4.77	4.15	3.80	3.58	3.41	3.29	3.20	3.12
16	6.12	4.69	4.08	3.73	3.50	3.34	3.22	3.12	3.05
17	6.04	4.62	4.01	3.66	3.44	3.28	3.16	3.06	2.98
18	5.98	4.56	3.95	3.61	3.38	3.22	3.10	3.01	2.93
19	5.92	4.51	3.90	3.56	3.33	3.17	3.05	2.96	2.88
20	5.87	4.46	3.86	3.51	3.29	3.13	3.01	2.91	2.84
21	5.83	4.42	3.82	3.48	3.25	3.09	2.97	2.87	2.80
22	5.79	4.38	3.78	3.44	3.22	3.05	2.93	2.84	2.76
23	5.75	4.35	3.75	3.41	3.18	3.02	2.90	2.81	2.73
24	5.72	4.32	3.72	3.38	3.15	2.99	2.87	2.78	2.70
25	5.69	4.29	3.69	3.35	3.13	2.97	2.85	2.75	2.68
26	5.66	4.27	3.67	3.33	3.10	2.94	2.82	2.73	2.65
27	5.63	4.24	3.65	3.31	3.08	2.92	2.80	2.71	2.63
28	5.61	4.22	3.63	3.29	3.06	2.90	2.78	2.69	2.61
29	5.59	4.20	3.61	3.27	3.04	2.88	2.76	2.67	2.59
30	5.57	4.18	3.59	3.25	3.03	2.87	2.75	2.65	2.57
40	5.42	4.05	3.46	3.13	2.90	2.74	2.62	2.53	2.45
60	5.29	3.93	3.34	3.01	2.79	2.63	2.51	2.41	2.33
120	5.15	3.80	3.23	2.89	2.67	2.52	2.39	2.30	2.22
∞	5.02	3.69	3.12	2.79	2.57	2.41	2.29	2.19	2.11

분모의 자유도

(c) 계속

V₂ \ V₁	분자의 자유도									
	10	12	15	20	24	30	40	60	120	∞
1	968.6	976.7	984.9	993.1	997.2	1001	1006	1010	1014	1018
2	39.40	39.41	39.43	39.45	39.46	39.46	39.47	39.48	39.49	39.50
3	14.42	14.34	14.25	14.17	14.12	14.08	14.04	13.99	13.95	13.90
4	8.84	8.75	8.66	8.56	8.51	8.46	8.41	8.36	8.31	8.26
5	6.62	6.52	6.43	6.33	6.28	6.23	6.18	6.12	6.07	6.02
6	5.46	5.37	5.27	5.17	5.12	5.07	5.01	4.96	4.90	4.85
7	4.76	4.67	4.57	4.47	4.42	4.36	4.31	4.25	4.20	4.14
8	4.30	4.20	4.10	4.00	3.95	3.89	3.84	3.78	3.73	3.67
9	3.96	3.87	3.77	3.67	3.61	3.56	3.51	3.45	3.39	3.33
10	3.72	3.62	3.52	3.42	3.37	3.31	3.26	3.20	3.14	3.08
11	3.53	3.43	3.33	3.23	3.17	3.12	3.06	3.00	2.94	2.88
12	3.37	3.28	3.18	3.07	3.02	2.96	2.91	2.85	2.79	2.72
13	3.25	3.15	3.05	2.95	2.89	2.84	2.78	2.72	2.66	2.60
14	3.15	3.05	2.95	2.84	2.79	2.73	2.67	2.61	2.55	2.49
15	3.06	2.96	2.86	2.76	2.70	2.64	2.59	2.52	2.46	2.40
16	2.99	2.89	2.79	2.68	2.63	2.57	2.51	2.45	2.38	2.32
17	2.92	2.82	2.72	2.62	2.56	2.50	2.44	2.38	2.32	2.25
18	2.87	2.77	2.67	2.56	2.50	2.44	2.38	2.32	2.26	2.19
19	2.82	2.72	2.62	2.51	2.45	2.39	2.33	2.27	2.20	2.13
20	2.77	2.68	2.57	2.46	2.41	2.35	2.29	2.22	2.16	2.09
21	2.73	2.64	2.53	2.42	2.37	2.31	2.25	2.18	2.11	2.04
22	2.70	2.60	2.50	2.39	2.33	2.27	2.21	2.14	2.08	2.00
23	2.67	2.57	2.47	2.36	2.30	2.24	2.18	2.11	2.04	1.97
24	2.64	2.54	2.44	2.33	2.27	2.21	2.15	2.08	2.01	1.94
25	2.61	2.51	2.41	2.30	2.24	2.18	2.12	2.05	1.98	1.91
26	2.59	2.49	2.39	2.28	2.22	2.16	2.09	2.03	1.95	1.88
27	2.57	2.47	2.36	2.25	2.19	2.13	2.07	2.00	1.93	1.85
28	2.55	2.45	2.34	2.23	2.17	2.11	2.05	1.98	1.91	1.83
29	2.53	2.43	2.32	2.21	2.15	2.09	2.03	1.96	1.89	1.81
30	2.51	2.41	2.31	2.20	2.14	2.07	2.01	1.94	1.87	1.79
40	2.39	2.29	2.18	2.07	2.01	1.94	1.88	1.80	1.72	1.64
60	2.27	2.17	2.06	1.94	1.88	1.82	1.74	1.67	1.58	1.48
120	2.16	2.05	1.94	1.82	1.76	1.69	1.61	1.53	1.43	1.31
∞	2.05	1.94	1.83	1.71	1.64	1.57	1.48	1.39	1.27	1.00

분모의 자유도

(d) $\alpha=.01$

V₂ \ V₁	분자의 자유도								
	1	2	3	4	5	6	7	8	9
1	4,052	4,999.5	5,403	5,625	5,764	5,859	5,928	5,982	6,022
2	98.50	99.00	99.17	99.25	99.30	99.33	99.36	99.37	99.39
3	34.12	30.82	29.46	28.71	28.24	27.91	27.67	27.49	27.35
4	21.20	18.00	16.69	15.98	15.52	15.21	14.98	14.80	14.66
5	16.26	13.27	12.06	11.39	10.97	10.67	10.46	10.29	10.16
6	13.75	10.92	9.78	9.15	8.75	8.47	8.26	8.10	7.98
7	12.25	9.55	8.45	7.85	7.46	7.19	6.99	6.84	6.72
8	11.26	8.65	7.59	7.01	6.63	6.37	6.18	6.03	5.91
9	10.56	8.02	6.99	6.42	6.06	5.80	5.61	5.47	5.35
10	10.04	7.56	6.55	5.99	5.64	5.39	5.20	5.06	4.94
11	9.65	7.21	6.22	5.67	5.32	5.07	4.89	4.74	4.63
12	9.33	6.93	5.95	5.41	5.06	4.82	4.64	4.50	4.39
13	9.07	6.70	5.74	5.21	4.86	4.62	4.44	4.30	4.19
14	8.86	6.51	5.56	5.04	4.69	4.46	4.28	4.14	4.03
15	8.68	6.36	5.42	4.89	4.56	4.32	4.14	4.00	3.89
16	8.53	6.23	5.29	4.77	4.44	4.20	4.03	3.89	3.78
17	8.40	6.11	5.18	4.67	4.34	4.10	3.93	3.79	3.68
18	8.29	6.01	5.09	4.58	4.25	4.01	3.84	3.71	3.60
19	8.18	5.93	5.01	4.50	4.17	3.94	3.77	3.63	3.52
20	8.10	5.85	4.94	4.43	4.10	3.87	3.70	3.56	3.46
21	8.02	5.78	4.87	4.37	4.04	3.81	3.64	3.51	3.40
22	7.95	5.72	4.82	4.31	3.99	3.76	3.59	3.45	3.35
23	7.88	5.66	4.76	4.26	3.94	3.71	3.54	3.41	3.30
24	7.82	5.61	4.72	4.22	3.90	3.67	3.50	3.36	3.26
25	7.77	5.57	4.68	4.18	3.85	3.63	3.46	3.32	3.22
26	7.72	5.53	4.64	4.14	3.82	3.59	3.42	3.29	3.18
27	7.68	5.49	4.60	4.11	3.78	3.56	3.39	3.26	3.15
28	7.64	5.45	4.57	4.07	3.75	3.53	3.36	3.23	3.12
29	7.60	5.42	4.54	4.04	3.73	3.50	3.33	3.20	3.09
30	7.56	5.39	4.51	4.02	3.70	3.47	3.30	3.17	3.07
40	7.31	5.18	4.31	3.83	3.51	3.29	3.12	2.99	2.89
60	7.08	4.98	4.13	3.65	3.34	3.12	2.95	2.82	2.72
120	6.85	4.79	3.95	3.48	3.17	2.96	2.79	2.66	2.56
∞	6.63	4.61	3.78	3.32	3.02	2.80	2.64	2.51	2.41

(V₂ 열 왼쪽 세로: 분모의 자유도)

(d) 계속

V₂ \ V₁	분자의 자유도									
	10	12	15	20	24	30	40	60	120	∞
1	6,056	6,106	6,157	6,209	6,235	6,261	6,287	6,313	6,339	6,366
2	99.40	99.42	99.43	99.45	99.46	99.47	99.47	99.48	99.49	99.50
3	27.23	27.05	26.87	26.69	26.60	26.50	26.41	26.32	26.22	26.13
4	14.55	14.37	14.20	14.02	13.93	13.84	13.75	13.65	13.56	13.46
5	10.05	9.89	9.72	9.55	9.47	9.38	9.29	9.20	9.11	9.02
6	7.87	7.72	7.56	7.40	7.31	7.23	7.14	7.06	6.97	6.88
7	6.62	6.47	6.31	6.16	6.07	5.99	5.91	5.82	5.74	5.65
8	5.81	5.67	5.52	5.36	5.28	5.20	5.12	5.03	4.95	4.86
9	5.26	5.11	4.96	4.81	4.73	4.65	4.57	4.48	4.40	4.31
10	4.85	4.71	4.56	4.41	4.33	4.25	4.17	4.08	4.00	3.91
11	4.54	4.40	4.25	4.10	4.02	3.94	3.86	3.78	3.69	3.60
12	4.30	4.16	4.01	3.86	3.78	3.70	3.62	3.54	3.45	3.36
13	4.10	3.96	3.82	3.66	3.59	3.51	3.43	3.34	3.25	3.17
14	3.94	3.80	3.66	3.51	3.43	3.35	3.27	3.18	3.09	3.00
15	3.80	3.67	3.52	3.37	3.29	3.21	3.13	3.05	2.96	2.87
16	3.69	3.55	3.41	3.26	3.18	3.10	3.02	2.93	2.84	2.75
17	3.59	3.46	3.31	3.16	3.08	3.00	2.92	2.83	2.75	2.65
18	3.51	3.37	3.23	3.08	3.00	2.92	2.84	2.75	2.66	2.57
19	3.43	3.30	3.15	3.00	2.92	2.84	2.76	2.67	2.58	2.49
20	3.37	3.23	3.09	2.94	2.86	2.78	2.69	2.61	2.52	2.42
21	3.31	3.17	3.03	2.88	2.80	2.72	2.64	2.55	2.46	2.36
22	3.26	3.12	2.98	2.83	2.75	2.67	2.58	2.50	2.40	2.31
23	3.21	3.07	2.93	2.78	2.70	2.62	2.54	2.45	2.35	2.26
24	3.17	3.03	2.89	2.74	2.66	2.58	2.49	2.40	2.31	2.21
25	3.13	2.99	2.85	2.70	2.62	2.54	2.45	2.36	2.27	2.17
26	3.09	2.96	2.81	2.66	2.58	2.50	2.42	2.33	2.23	2.13
27	3.06	2.93	2.78	2.63	2.55	2.47	2.38	2.29	2.20	2.10
28	3.03	2.90	2.75	2.60	2.52	2.44	2.35	2.26	2.17	2.06
29	3.00	2.87	2.73	2.57	2.49	2.41	2.33	2.23	2.14	2.03
30	2.98	2.84	2.70	2.55	2.47	2.39	2.30	2.21	2.11	2.01
40	2.80	2.66	2.52	2.37	2.29	2.20	2.11	2.02	1.92	1.80
60	2.63	2.50	2.35	2.20	2.12	2.03	1.94	1.84	1.73	1.60
120	2.47	2.34	2.19	2.03	1.95	1.86	1.76	1.66	1.53	1.38
∞	2.32	2.18	2.04	1.88	1.79	1.70	1.59	1.47	1.32	1.00

분모의 자유도

Cobbd Duglas Exceldata

ln y	ln K	ln L	ln y-lnL	ln K-ln L
4.60517	4.60517	4.60517	0	0
4.615121	4.672829	4.65396	−0.03884	0.018868
4.718499	4.736198	4.70048	0.018019	0.035718
4.804021	4.804021	4.770685	0.033336	0.033336
4.820282	4.875197	4.812184	0.008097	0.063013
4.804021	4.927254	4.75359	0.050431	0.173663
4.962845	5.003946	4.828314	0.134531	0.175633
5.023881	5.09375	4.890349	0.133531	0.203401
5.01728	5.170484	4.927254	0.090026	0.24323
4.836282	5.220356	4.795791	0.040491	0.424565
5.043425	5.288267	4.941642	0.101783	0.346625
5.068904	5.337538	4.969813	0.099091	0.367725
5.030438	5.375278	4.976734	0.053704	0.398545
5.17615	5.420535	5.023881	0.152269	0.396654
5.214936	5.463832	5.036953	0.177983	0.426879
5.129899	5.497168	5.003946	0.125952	0.493222
5.241747	5.583496	5.036953	0.204794	0.546544
5.4161	5.697093	5.204007	0.212094	0.493087
5.42495	5.814131	5.278115	0.146835	0.536016
5.407172	5.902633	5.298317	0.108854	0.604316
5.384495	5.958425	5.26269	0.121805	0.695735
5.442418	6.008813	5.26269	0.179728	0.746123
5.187386	6.033086	4.990433	0.196953	1.042654
5.480639	6.066108	5.081404	0.399235	0.984704

Dickey-Fuller 단위근 검정 t-통계량 기각역

검정통계량이 주어진 기각값의 오른쪽에 있을 확률

Model	Statistic	N	1%	2.5%	5%	10%	90%	95%	97.5%	99%
(N: 표본수)										

Model I (상수항과 시간추세가 없는 경우)

Model	Statistic	N	1%	2.5%	5%	10%	90%	95%	97.5%	99%
	ADFtr	25	−2.66	−2.26	−1.95	−1.60	0.92	1.33	1.70	2.16
		50	−2.62	−2.25	−1.95	−1.61	0.91	1.31	1.66	2.08
		100	−2.60	−2.24	−1.95	−1.61	0.90	1.29	1.64	2.03
		250	−2.58	−2.23	−1.95	−1.61	0.89	1.29	1.63	2.01
		500	−2.58	−2.23	−1.95	−1.61	0.89	1.28	1.62	2.00
		>500	−2.58	−2.23	−1.95	−1.61	0.89	1.28	1.62	2.00

Model II (상수항, 시간추세가 없는 경우)

Model	Statistic	N	1%	2.5%	5%	10%	90%	95%	97.5%	99%
	ADFtr	25	−3.75	−3.33	−3.00	−2.62	−0.37	0.00	0.34	0.72
		50	−3.58	−3.22	−2.93	−2.60	−0.40	−0.03	0.29	0.66
		100	−3.51	−3.17	−2.89	−2.58	−0.42	−0.05	0.26	0.63
		250	−3.46	−3.14	−2.88	−2.57	−0.42	−0.06	0.24	0.62
		500	−3.44	−3.13	−2.87	−2.57	−0.43	−0.07	0.24	0.61
		>500	−3.43	−3.12	−2.86	−2.57	−0.44	−0.07	0.23	0.60

Model III (상수항과 시간추세가 모두 있는 경우)

Model	Statistic	N	1%	2.5%	5%	10%	90%	95%	97.5%	99%
	ADFtr	25	−4.38	−3.95	−3.60	−3.24	−1.14	−0.80	−0.50	−0.15
		50	−4.15	−3.80	−3.50	−3.18	−1.19	−0.87	−0.58	−0.24
		100	−4.04	−3.73	−3.45	−3.15	−1.22	−0.90	−0.62	−0.28
		250	−3.99	−3.69	−3.43	−3.13	−1.23	−0.92	−0.64	−0.31
		500	−3.98	−3.68	−3.42	−3.13	−1.24	−0.93	−0.65	−0.32
		>500	−3.96	−3.66	−3.41	−3.12	−1.25	−0.94	−0.66	−0.33

주: 5% 기각역이 1.68임에 비교해 보자.

색인

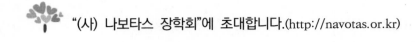

"(사) 나보타스 장학회"에 초대합니다.(http://navotas.or.kr)

1. 외교통상부 산하 비영리 사단법인입니다.

• (사)나보타스장학회는 필리핀의 극빈지역인 나보타스(Navotas) 지역의 빈민 자활 지원 및 빈민아동들의 교육지원 사업을 수행하기 위하여 2009년 7월 설립(이사장 김윤영 어거스틴)된 카톨릭 『비영리법인』으로 무보수 자원봉사로만 운영됩니다. 후원금은 연말 소득공제도 받으실 수 있습니다.

• 나보타스 지역은 필리핀 마닐라의 외곽지역의 빈민 지역으로 열악한 주거환경과 실업으로 고통 받고 있는 지역입니다. 또한 한없이 맑은 눈과 영혼을 가진 아이들의 꿈이 거대한 가난에 찌들려 시들어가고 있는 곳이기도 합니다.

• 그들은 기도만이 유일한 희망이며 여러분은 기도에 답해주실 수 있습니다.

2. 어떤 사업을 하나요?

• 우리는 이들의 가난을 깰 수 있는 유일한 방법은 우리나라가 그랬듯이 장기적으로 교육뿐이라고 믿습니다. 고기가 아니라 고기 잡는 방법을 가르쳐 주는 것이지요. 다행히 필리핀의 학비는 단과 대학의 경우 학기당 3만원에 불과하여 교육지원이 매우 효율적인 곳입니다.

• 우리는 필리핀 나보타스 지역 빈민아동 교육 지원 사업을 수행하며 이를 위하여 중·고·대학생을 대상으로 월별 장학금을 지원합니다. 후원 및 지원 실적은 카페 홈페이지를 통해 투명하게 공개됩니다.

3. 후원회에 가입하여 사랑을 나누고자 합니다.

✂ ....

성 명	
주소(우편번호)	
주민번호(소득공제용)	
이메일 주소	
전화번호	
보내실 곳	경기도 용인시 수지구 죽전동 126 단국대학교 무역학과 김윤영 (448-701)

김윤영

서울대 경제학과 (학사), 서울대 국제경제학과 (석사), 미국 University of Washington (경제학 박사), 한국은행 금융경제연구원 근무, 현 단국대 무역학과 교수.
Economics Letters, Applied Economics, International Review of Economics and Finance, Asia Pacific Journal of Financial Studies, Korean Economic Review 등에 논문 게재.
한국금융학회 우수논문상 수상(2009, 2010), 한국증권학회 우수논문상 수상 (2011).

계량경제학 강의

초판발행	2022년 8월 30일
지은이	김윤영
펴낸이	안종만·안상준
편 집	전채린
기획/마케팅	장규식
표지디자인	이영경
제 작	고철민·조영환
펴낸곳	(주)**박영사**
	서울특별시 금천구 가산디지털2로 53, 210호(가산동, 한라시그마밸리)
	등록 1959. 3. 11. 제300-1959-1호(倫)
전 화	02)733-6771
f a x	02)736-4818
e-mail	pys@pybook.co.kr
homepage	www.pybook.co.kr
ISBN	979-11-303-1581-2 93320

정 가   16,000원